国家出版基金项目
NATIONAL PUBLICATION FOUNDATION

重庆市出版专项资金资助项目

重庆市"十三五"重点出版物出版规划项目

山地城市交通创新实践丛书

山地城市快速路系统规划设计与实践

李小荣 ◇ 编著

重庆大学出版社

内容提要

构建快速路系统对于提高山地城市的交通效率非常重要，然而山地城市因受地形、地貌及地质等自然条件的约束，其道路系统独具特色，道路规划与道路设计也存在一些鲜明差异，需要研究探索出现的诸多问题和制订相应对策。

本书分析了山地城市交通特征和快速路系统特点，结合重庆主城快速路系统、泸州二环路等具有代表性的山地城市快速路规划设计实际案例，提出了山地城市快速路规划设计过程中通道选择、节点控制、交通组织、交通与土地协调发展、环境保护等规划思路与工程设计技术要点，总结了一些实践经验与教训，可为中国山地城市快速路系统规划设计提供一些有益借鉴。

图书在版编目（CIP）数据

山地城市快速路系统规划设计与实践 / 李小荣编著
. -- 重庆：重庆大学出版社, 2019.10
（山地城市交通创新实践丛书）
ISBN 978-7-5689-0970-9

Ⅰ. ①山… Ⅱ. ①李… Ⅲ. ①山区城市 – 快速路 – 道路工程 – 规划 – 重庆②山区城市 – 快速路 – 道路工程 – 设计 – 重庆 Ⅳ. ①U412.37

中国版本图书馆CIP数据核字 (2017) 第330505号

山地城市交通创新实践丛书
山地城市快速路系统规划设计与实践
Shandi Chengshi Kuaisu Lu Xitong Guihua Sheji yu Shijian
李小荣　编著
策划编辑：雷少波　张慧梓　林青山

责任编辑：王　婷　　版式设计：黄俊棚
责任校对：关德强　　责任印制：张　策
*
重庆大学出版社出版发行
出版人：饶帮华
社址：重庆市沙坪坝区大学城西路21号
邮编：401331
电话：（023）88617190　88617185（中小学）
传真：（023）88617186　88617166
网址：http://www.cqup.com.cn
邮箱：fxk@cqup.com.cn（营销中心）
全国新华书店经销
重庆新金雅迪艺术印刷有限公司印刷
*
开本：787mm×1092mm　1/16　印张：10.75　字数：246千
2019年10月第1版　2019年10月第1次印刷
ISBN 978-7-5689-0970-9　定价：98.00元

丛书编委会
EDITORIAL BOARD OF THE SERIES

序 一
FOREWORD

　　多年在旧金山和重庆的工作与生活，使我与山地城市结下了特别的缘分。这些美丽的山地城市，有着自身的迷人特色：依山而建的建筑，起起落落，错落有致；滨山起居的人群，爬坡上坎，聚聚散散；形形色色的交通，各有特点，别具一格。这些元素汇聚在一起，给山地城市带来了与平原城市不同的韵味。

　　但是作为一名工程师，在山地城市的工程建设中我又深感不易。特殊的地形地貌，使山地城市的生态系统特别敏感和脆弱，所有建设必须慎之又慎；另外，有限的土地资源受到许多制约，对土地和地形利用需要进行仔细的研究；还有一个挑战就是经济性，山地城市的工程技术措施同比平原城市更多，投资也会更大。在山地城市的各类工程中，交通基础设施的建设受到自然坡度、河道水文、地质条件等边界控制，其复杂性尤为突出。

　　我和我的团队一直对山地城市交通给予关注并持续实践；特别在以山城重庆为典型代表的中国中西部，我们一直关注如何在山地城市中打造最适合当地条件的交通基础设施。多年的实践经验提示我们，在山地城市交通系统设计中需要重视一些基础工作：一是综合性设计（或者叫总体设计）。多专业的综合协同、更高的格局、更开阔的视角和对未来发展的考虑，才能创作出经得起时间考验的作品。二是创新精神。制约条件越多，就越需要创新。不局限于工程技术，在文化、生态、美学、经济等方面都可以进行创新。三是要多学习，多总结。每个山地城市都有自身的显著特色，相互的交流沟通，不同的思考方式，已有的经验教训，可以使我们更好地建设山地城市。

　　基于这些考虑，我们对过去的工作进行了总结和提炼。其中的一个阶段性成果是 2007 年提出的重庆市《城市道路交通规划及路线设计规范》，这是一个法令性质的地方标准；本次出版的这套"山地城市交通创新实践丛书"，核心是我们对工程实践经验的总结。

丛书包括了总体设计、交通规划、快速路、跨江大桥和立交系统等多个方面，介绍了近二十年来我们设计或咨询的大部分重点工程项目，希望能够给各位建设者提供借鉴和参考。

工程是充满成就和遗憾的艺术。在总结的过程中，我们自身也在再反思和再总结，以做到持续提升。相信通过交流和学习，未来的山地城市将会拥有更多高品质和高质量的精品工程。

美国国家工程院院士

中国工程院外籍院士 邓文中

林同棪国际工程咨询（中国）有限公司董事长

2019 年 10 月

序 二
FOREWORD

　　山地城市由于地理环境的不同，形成了与平原城市迥然不同的城市形态，许多山地城市以其特殊的自然景观、历史底蕴、民俗文化和建筑风格而呈现出独特的魅力。然而，山地城市由于地形、地质复杂或者江河、沟壑的分割，严重制约了城市的发展，与平原城市相比，山地城市的基础设施建设面临着特殊的挑战。在山地城市基础设施建设中，如何保留城市原有的山地风貌，提升和完善城市功能，处理好人口与土地资源的矛盾，克服新旧基础设施改造与扩建的特殊困难，避免地质灾害，减小山地环境的压力，保护生态、彰显特色、保障安全和永续发展，都是必须高度重视的重要问题。

　　林同棪国际工程咨询（中国）有限公司扎根于巴蜀大地，其优秀的工程师群体大都生活、工作在著名的山地城市重庆，身临其境，对山地城市的发展有独到的感悟。毫无疑问，他们不仅是山地城市建设理论研究的先行者，也是山地城市规划设计实践的探索者。他们结合自己的工程实践，针对重点关键技术问题，对上述问题与挑战进行了深入的研究和思考，攻克了一系列技术难关，在山地城市可持续综合交通规划、山地城市快速路系统规划、山地城市交通设计、山地城市跨江大桥设计、山地城市立交群设计等方面取得了系统的理论与实践成果，并将成果应用于西南地区乃至全国山地城市建设与发展中，极大地丰富了山地城市规划与建设的理论，有力地推动了我国山地城市规划设计的发展，为世界山地城市建设的研究提供了成功的中国范例。

　　近年来，随着山地城市的快速发展，催生了山地城市交通规划与建设理论，"山地城市交通创新实践丛书"正是山地城市交通基础设施建设理论、技术和工程应用方面的总结。本丛书较为全面地反映了工程师们在工程设计中的先进理念、创新技术和典型案例；既总结成功的经验，也指出存在的问题和教训，其中大多数问题和教训是工程建成后工程师们的进一步思考，从而引导工程师们在反思中前行；既介绍创新理念与设计思考，也提供工程实例，将设计理论与工程实践紧密结合,既有学术性又有实用性。总之,丛书内容丰富、特色鲜明,表述深入浅出、通俗易懂,可为从事山地城市交通基础设施建设的设计、施工和管理的人员提供借鉴和参考。

中国工程院院士
重庆大学教授　周绪红

2019 年 10 月

前　言
PREFACE

　　改革开放以来，随着经济的发展和人民生活水平的提高，车辆拥有量和机动化出行越来越多，交通需求日益增长。为了促进城市发展和缓解城市交通拥堵，自北京1992年建成国内第一条快速环线——北京二环路以来，全国掀起了城市快速路的建设高潮，快速路在城市中的作用日益明显。据统计，上海主城区（不包括外环）以8%的快速道路承担了38%的交通量，由此可见快速路在城市路网中的骨干核心作用。

　　重庆作为山地城市，也是世界上最大的山地特大型城市，自20世纪90年代中后期修建重庆第一条城市快速路——鹅公岩大桥及东西干道工程以来，重庆快速路建设迅猛发展。截至2014年年底，快速路已建成451 km。由于重庆独有的地形、地势，以及多中心、组团式的城市布局，其交通特征与平原城市迥异，其快速路也因此存在较大差异，给交通规划设计带来很大的压力与挑战。如何借鉴平原城市的快速路设计经验，如何更好地利用山地地形，把不利变为有利和特色，是规划设计师常常思考和急需解决的问题。如何建立山地城市高效快速路网体系，更是城市交通规划设计师的责任。在山地城市快速路建设领域，国内缺乏成系统的文献和规范，有必要投入力量总结我们在山地城市快速路网建设中的经验与教训。

　　城市在不断发展和更新，在未来的山地城市快速路网设计中，我们希望能更多关注城市生态、环境保护、城市风貌和可持续发展，希望在城市交通缓堵上有更多新思路、新方法。

笔者毕业迄今都工作、生活在山城重庆，十分有幸主持和参加了重庆及周边城市众多快速路项目。每次项目开始时，总是感觉应做的和想做的东西很多，而设计周期的短促又带给我们非常巨大的压力。项目结束时，总是觉得意犹未尽，不仅宏观层面还有待深入研究的问题，微观层面也还有很多值得推敲和完善的细节待处理。回顾我们设计的项目，收获良多，教训更不少。因此，我们选择部分项目编入本书，展示项目得与失，希望对从事城市快速路建设的同行有所助益。

全书共分6章：第1章着重介绍山地城市交通特征和山地城市快速路系统特点；第2章介绍山地城市快速路网规划案例及教训；第3—第4章分别介绍了在城市更新和城市扩张中的快速路设计案例及教训；第5章介绍城市快速路在生态敏感区的设计案例；第6章介绍快速路改造的挑战及思考。

全书由李小荣编著，其他编写组成员还有林涛、曾光勇、周浪、卞明智、赵栋、王明刚。在此，对所有编写人员表示衷心的感谢，同时也感谢支持和帮助我出版此书的同事和朋友。

由于笔者水平有限，书中一定存在缺点和不足，恳请同行、专家及读者指正。

李小荣

2018 年 5 月

目 录
CONTENTS

第1章　山地城市交通特征

1.1　山地城市概念

山地，包括地理学划分的山地、丘陵和崎岖不平的高原，它们约占我国陆地面积的69%。山地城市是指主要分布在上述山地区域的城市，是与平原地区迥然不同的城市形态。

要理解山地城市的概念，关键是理解山地城市的地理条件与城市空间结构特征。

（1）地理条件方面

不同于平原城市的平坦、规则，山地城市地理条件复杂多变，山脉蜿蜒，河谷纵横，地形极不规则。山地城市大多是自然生成的，受地形条件限制，城市往往被山脉、江河、冲沟、丘陵所分割，因此山地城市大多坐落在沿河流域、山脉之间。

（2）城市空间结构方面

山地城市由于受地理地形的影响，形成了城市空间多中心、组团式、立体化的空间结构，使得城市空间发展具有弹性，为城市发展留有较大余地，同时也提高了土地复合利用度，扩展了城市容量。但另一方面，这也造就了更为复杂多变的道路条件和交通特征。

1.2　山地城市空间形态的演进——以重庆市主城区为例

1.2.1　近现代山地城市空间形态演进

中国近现代山地城市空间形态的主要特征体现在城市环境上。环境往往是确定一个城市空间形态的最本质、最基础的因素。

城市的环境主要是指城市形态与地形地貌的关系。这种关系首先表现在用地上，城市用地由各种不同类型的功能空间组成，不同功能城市用地的空间组合关系是直接反映城市空间形态特征的要素之一；其次表现为城市空间形态的轮廓界面，它构成了城市的三维特征；再次表现为道路网，道路网是构成城市空间形态的基本骨架，是城市内部的主要交通线；最后表现为空间组织关系，空间组织关系是产生不同空间形态模式的重要因素（见表1.1）。

表 1.1　近现代山地城市空间形态演化

历史时期	山地城市的区域发展	山地城市空间形态演进的影响思想与理论	山地城市的空间形态的物质要素特征	山地城市空间形态模式
近代（1840—1949）	东北城市集聚区、沿海城市带、沿江城市轴	空想社会主义、功能区分理论、方格网规划、巴洛克规划、中国传统规划思想	1. 城市环境：山水环境对城市制约严重，城市建设开山建城 2. 用地：山地城市各功能用地开始分离，呈现整体混杂与局部有序并存的局面 3. 道路网：山地城市旧区以自由式路网为主，新区出现了方格网 4. 界面：由自由体、城墙、建筑、塔、烟囱等构成，平缓中带有特色 5. 空间组织关系：自成体系的空间组织和多样拼贴的空间组织	自由格网型城市 新旧区拼贴型城市 以旧城为核的散点型城市
探索时期（1949—1978）	以"156"为中心的工业布局地区、三线地区	社会主义功能分区理论、带形城市规划、卫星城规划、城市布局设计理论	1. 城市环境：山水环境对城市布局结构影响较大，城市发展呈现依托旧城扩展和脱开旧城跳跃发展两种方式 2. 用地：工业用地占主导，新工业点、工业片的建设带动城市其他用地向外扩散发展 3. 道路网：旧区道路以主干道路扩建为主，同时城市道路向外呈现放射性、线形发展 4. 界面：由自由体、多层住宅、少量高层以及大烟囱、水塔等构成，平缓少变化 5. 空间组织关系：城市内部以广场组织空间，城市组团形成沿线带形空间组织和分散型空间组织	连片放射型城市 组团式带型城市 分期组合型城市

历史时期	山地城市的区域发展	山地城市空间形态演进的影响思想与理论	山地城市的空间形态的物质要素特征	山地城市空间形态模式
改革开放时期（1978年至今）	西部地区、三峡库区	可持续发展思想、有机疏散理论、紧凑发展思想、生态城市、山水城市	1. 城市环境：自然约束力减弱，城市向更高一级山体推进或跨越山水发展 2. 用地：城市部分职能向外围疏散，形成多中心用地形态，城市内部功能用地出现圈层化演进趋势 3. 道路网：网络化发展趋势，出现多种立体交通方式 4. 界面：由自然山体、各类建筑构筑物构成，出现明显的起伏感和层次感 5. 空间组织关系：集约化的空间组织和组团式的空间组织	多维集约的族群城市有机分散的城镇群模式

近现代的城市规划思想对山地城市空间形态的变化起到了巨大的引导作用，在这种发展趋势下，一种新的城市发展模式——"大分散、小集约"模式，开始出现在山地区域。这种模式下，城市是一个低密度的分散组团结构，每一个组团内部却是集约紧凑的。这是一种具有生命力的、可持续发展的模式。

1.2.2　重庆市主城区空间形态演进过程

重庆市主城区城市拓展总体上经历了由慢向快、由两江夹峙的渝中半岛向西扩展和跨江扩展，以及由中部槽谷向西部槽谷和东部槽谷拓展的过程（见图1.1），主要可以分为5个阶段：

（1）改革开放十年的西扩阶段

1978—1988年的十年间，城市拓展主要是由渝中半岛老城区向用地条件较好的西部区域沙坪坝、大杨石等城市组团拓展。由于向北有嘉陵江大桥、向南有长江大桥连接，城市在正北、东南方向上，观音桥—人和方向上，以及南侧的南坪也有一定的扩展。

（2）城市缓慢扩展阶段

1988—1996年，城市建成区面积仅增加 23.5 km²，拓展较为缓慢，这一时期城市发展相对紧凑，以内部填充为主，向外扩展的规模较小。城市拓展的主体方向仍然是西部地区，但北部地区沿交通干线向原江北县方向推进，观音桥组团得到很好发展。

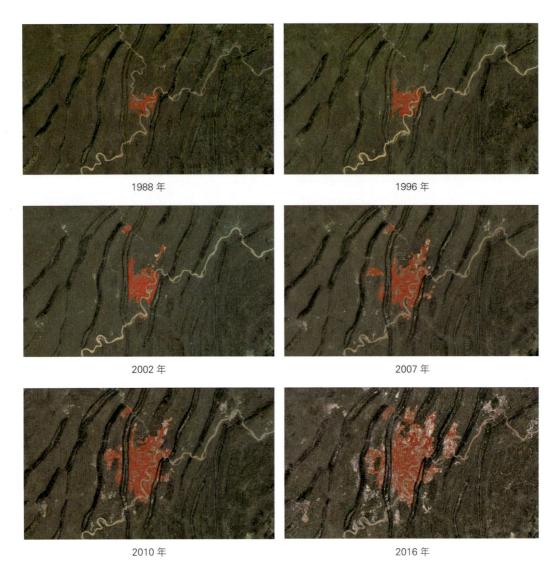

图 1.1　重庆市主城区空间演进图

（3）直辖后加速发展阶段

1997—2007 年的十年间，主城区城市规模由 201.47 km² 增加到 429.87 km²。其中：1997—2002 年，城市规模年均增长 13.78 km²，这一时期由于江北机场建设和桥梁增加，城市的主要扩展趋势是北移，观音桥—人和组团逐渐完善，特别是城市东北部靠近机场的两路组团得到迅速发展；2002—2007 年，城市规模年均增长 31.9 km²，城市进入快速扩张期，这一时期北翼仍然是城市的主要扩展方向，介于渝北两路组团（即唐家沱组团）和观音桥—人和组团之间的腹地、机场高速沿线地带成为了城市拓展的首选地区，城市的各个组团之间出现了一种连延扩展的发展态势。

（4）城市快速扩展阶段

2007—2010 年，城市规模由 429.87 km^2 增加到 537.75 km^2，年均增长 35.96 km^2。2010 年，我国内陆地区第一个国家级开发开放新区——两江新区成立，使得原北部新区以及两路组团成为主城建设的热点区域。此外，随着微电子产业园、西永物流园及大学城的持续建设，主城区西部地区特别是西永组团得到快速发展；城市东南部由于茶园新区的建设，也得到了快速拓展。这一时期，城市拓展进入跳跃式空间拓展阶段，城市外围地区的城镇由于承担了中心城区外溢功能和城市新增职能，出现了与中心城区的协同发展，形成了组团式、串联式、星座式的多核复合城市格局。

（5）城市稳定拓展阶段

2010—2015 年，城市规模由 537.75 km^2 增加到 593.3 km^2。这一时期，北翼仍然是城市拓展的主要方向，两江新区得到快速发展，空港组团、蔡家组团、龙盛组团规模进一步扩大；随着跨江桥梁、穿山隧道、绕城高速的建设，主城区与城市拓展区的联系进一步加强，城市拓展呈现延绵稳定态发展。

由此可见，改革开放后，重庆市主城区在原有半岛中心城、江北、南岸三足鼎立的空间格局基础上，以圈层状、渐进式扩展，这是城市发展呈现出的一种自组织发展状态。直辖后，重庆市主城区进入快速增长阶段，城市的各个组团之间出现了一种连延扩展的发展态势，由中梁山和铜锣山构成的东西屏障以及由长江、嘉陵江构成的两江屏障被彻底突破。与此同时，新的交通体系建设也奠定了城市拓展的新轴线，北部新区、茶园新区等城市外围作为新的生长点，因对城市结构进行补充而拓展。随着主城西拓、北移，城市各组团之间的飞地模式逐渐被填充，城市趋于连片发展。特别是随着"外环时代"的到来，主城城市拓展形成圈层式、轴状伸展式与飞地模式的综合。

1.3　山地城市交通特征

由于城市的自然地形、发展环境、文化历史、各类资源、规模性质等条件不同，山地城市产生出千差万别的不同于平原城市的交通特征，同时也造就了山地城市独特的城市魅力。

1.3.1　交通方式

不同的交通方式，由于技术特征和适应条件的不同，在不同的城市规模下具有不同的使用范围。步行在解决山地城市竖向交通、短距离交通时是最有利的交通方式。长距离出行主要考虑私人机动化交通与公共交通。由于常规公交及出租车在山地城市中的适应性较强，所以它们构成了山地城市的主体机动化交通方式，同时也是大城市轨道交通的主要接驳方式。

比较重庆市主城区、万州区以及四川泸州市等山地城市的居民出行方式结构，可见山地城市居民出行方式中步行仍然占据较大比例，而在机动化出行中，公共交通比例明显高于平原城市（见表 1.2）。

表 1.2　不同类型城市居民出行结构表

类　型	城　市	步　行	公　交	小汽车	出租车	摩托车	非机动车 / 其他
山地城市	泸州	50.3%	29.7%	9.0%	2.0%	5.0%	4.0%
	重庆万州	59.2%	22.7%	7.0%	6.0%	2.6%	2.5%
	重庆主城	47.5%	33.4%	11.5%	6.7%		0.9%
平原城市	广汉	48.0%	4.0%	9.0%	2.0%	8.0%	29.0%
	昆山	24.9%	4.8%	10.7%	1.6%	12.6%	45.4%
	嘉兴	27.3%	8.2%	6.3%	1.8%	12.7%	43.7%

1.3.2　交通网络

山地城市的道路交通网络呈现复杂性和交错性。概括起来，山地城市道路交通网络特征差异主要表现在以下 3 个方面：

①与平原城市一般的棋盘式路网或者环形放射式路网相比较，山地城市的交通瓶颈更多，蜂腰现象更为突出，尤其是组团间联系通道易成为瓶颈。在跨江跨河发展的城市及带状城市中，通道制约尤为明显（见图 1.2）。

②道路网络规划设计一般结合地形布置，所以断头路、尽端路较多。同时，受地形影响，道路线形中曲线较多。

③受地形条件限制，山地城市道路建设相对困难。同时，由于受大地块影响，山地城市现状路网多呈现密度低的特征，路网密度一般低于规划下限要求，但是规划干路网密度高于平原城市（见表 1.3）。

表 1.3　不同类型城市路网及干路网密度对比

分　类	山地城市	平原城市
现状路网	3.38	4.53
现状干路网	2.32	2.21
规划路网	—	6.48
规划干路网	4.7	3.42

注：资料来源于山地城市道路交通规划及路线设计规范讨论会。

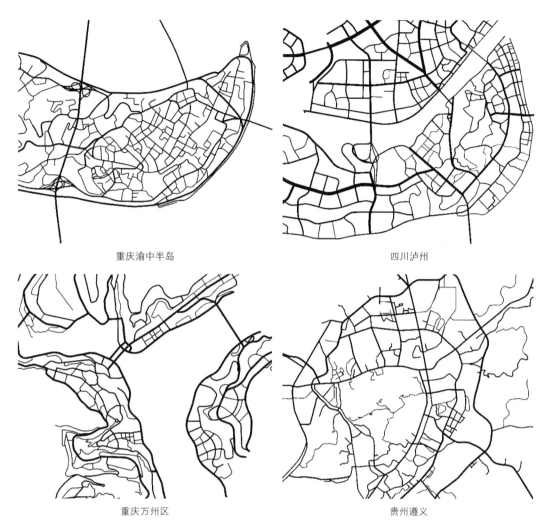

重庆渝中半岛　　　　　　　　　　　　　四川泸州

重庆万州区　　　　　　　　　　　　　　贵州遵义

图 1.2　山地城市交通网络

1.3.3　路网连通性

山地城市路网一般呈多断头路自由式路网（见图 1.3），其路网系统性较差，连通性一般远低于平原城市，影响路网运行。这导致了一系列城市交通问题，包括：

①路网连通可靠性差，对关键路段影响大，导致部分区域进出通道单一。

②主要通道流量高度集中。由于次支道路连通性差，机动车出行高度依赖快速路和主干道，导致交通流集中度高。

③主要通道和节点压力巨大。交通流集中在仅有的几个通道上，尤其在过江桥梁、穿山隧道以及周边干道上体现较为显著。

④公交可达性和服务性差。由于路网连通性差，部分区域联系通道单一，导致公共交通线路主要集中在部分主干路上，从而在加剧主干路拥堵的同时，其对周边地块的可达性和服务性也较差。

⑤车辆绕行严重，节点拥堵加剧，造成出行时间的浪费。受交通管理及组织的影响，路网连通性差，导致掉头或左转困难，需要通过主要节点进行转换，从而使得绕行严重并加剧重要节点的拥堵，进而造成出行时间的浪费。

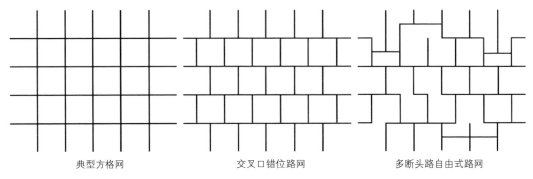

典型方格网　　　　　　　交叉口错位路网　　　　　　多断头路自由式路网

图1.3　路网形态（以上三种路网形态路网密度相同）

1.4　山地城市快速路系统特点

1.4.1　山地城市快速路系统规划设计的经验——以香港为例

香港特别行政区土地面积约 1 104 km²，人口逾 700 万人。香港由维多利亚港分隔，但 3 条跨海地铁和 3 条跨海通道将港岛和九龙有机地联系在一起。

与内地不同，香港的道路等级划分为市区级和郊区级两个层级，每个层级下面再细分为多个等级。

市区（包括香港、九龙及新市镇）的道路等级包括 4 类：

①主干道：疏导各主要人口及活动密集区之间长距离的交通流量。

②主要干路：疏导主要市区内各中心点之间的交通，形成主要道路网络。

③区域干路：疏导主要市区内各主要道路网与各地区之间的交通。

④地区干路：直接由区域干路通往区内楼宇及土地。

郊区的道路等级包括 5 类：

①主干道：疏导各主要人口及活动密集区之间长距离的交通流量。

②甲级郊区公路：疏导由较小的人口密集区或市民常到的康乐区至主要道路网的交通流量。

③乙级郊区公路：疏导由乡村至甲级郊区公路的交通。

④接驳道路：疏导由较偏远住区至乙级郊区公路的交通。

⑤单线通路：疏导由独立发展区至乙级郊区公路的交通。

鉴于香港道路网过去的发展，现阶段很难确定其道路等级，但是大致上仍可以按照道路需要承载的功能将其归类。其中，快速路是根据道路交通条例所指定的、连接香港主要人口及活动密集区的道路，它虽然在功能上与主干道甚至次干路相似，但在设计上需要参考更高的标准。快速路可以贯穿市区和郊区，只在每个相隔很远的分层道路交界处才设置出入口，出入口间距约 5 km（个别情况下可以缩短，但不宜少于 2 km）。

目前已经划定为快速公路的道路约 15 条，长度约 140 km，且有其他快速公路尚待修建（见图 1.4 和表 1.4）。

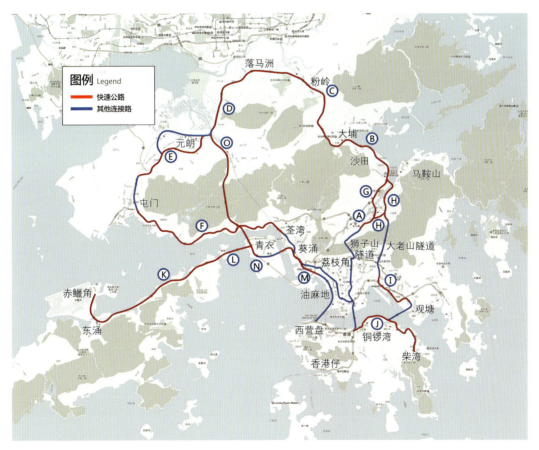

图 1.4　香港快速公路现状图

表1.4 香港快速公路布局表

编　号	快速公路
A	沙田路（狮子山隧道公路至大埔公路沙田段）
B	吐露港公路（大埔公路沙田段至林锦公路交会处）
C	粉岭公路（吐露港公路至新田交会处）
D	新田公路（新田交会处至青山公路潭尾段）
E	元朗公路（十八乡交会处至蓝地交会处）
F	屯门公路至荃湾路（皇珠路至葵涌道）
G	大埔公路沙田段（火炭路至吐露港公路）
H	沙田围路（天桥及大老山公路，沙田路至吐露港公路）
I	观塘绕道
J	港岛东区走廊
K	北大屿山公路（青屿干线收费广场至东涌东交会处）
L	青屿干线（青衣西北交会处至青屿干线收费广场）
M	青葵公路（西九龙公路至长青隧道）
N	长青公路（长青隧道至青衣西北交会处）
O	青朗公路（青衣西北交会处至新田公路）

香港快速公路的规划建设经过了长期分析、论证、优化的过程，在规划设计阶段结合城市发展应用了一系列的新方法与新技术，特别是在山地城市快速路规划、交通设施建设与环境保护、可持续发展等方面，为其他山地城市提供了可借鉴的经验。归纳起来，香港城市快速公路规划设计的经验包括以下4个方面：

（1）强有力的规划执行保障

香港的城市规划分为全港发展策略、法定图则、部门内部图则及《香港规划标准与准则》4个层面，对应于城市总体规划、分区规划、专项规划及控制性详细规划。香港的规划在实施过程中具有很高的严肃性与权威性，在专项规划未被审批前，一律不审批建设项目。

（2）注意环保及可持续发展

快速公路在选线阶段必须遵照环保指引提供足够的保护措施，以便降低污染。这些措施包括：采用路面加盖或者地下隧道形式，降低对环境及景观的潜在影响，并对该措施进行各种社会经济层面的综合评估；要求道路的建设形式必须配合景观影响评估结果，以便找出实际可操作的方法来保护或者改善地点景色。

（3）因地制宜

在快速公路线位设计阶段，除了满足设计需要外，还需要统筹考虑多个影响因素。线路设计可以选择全程或局部架空，以及修建地面或者地下隧道，不同位置涉及的环境、景观、实际情况及经济因素必须在可行条件下进行量化论证，并在规划过程中加以评估。同时，对设计指标而言，快速公路的坡度不宜超过 4%，但在地形受限导致建设费用大幅调整的情况下，则可以采用较大坡度，最高可达 8%。

（4）加强交通管控

香港运输署在快速公路上安装交通探测器，通过感应经过的车辆并收集车流及车速信息来提供更为准确的实时交通信息，提升了交通效率，并逐步建立起了香港运输系统的大数据平台。

1.4.2　山地城市快速路特点

当前，各大城市快速路的建设正如火如荼地进行，然而由于缺少山地城市快速路规划设计专用的指导规范，各个山地城市在快速路及其沿线规划建设上都存在差别。上文对山地城市的空间形态、演进趋势、交通特征、快速路系统面临的规划设计挑战等进行了分析，在此对山地城市快速路系统的特点进行汇总归纳。

（1）系统布局适应山地城市多中心、组团式、立体化发展特征

空间形态及交通走廊决定了快速路系统的布局形式，是选用"环形 + 放射"型布局，还是"纵横"式布局，需要因地制宜结合山地城市本底条件确定。

（2）系统交通功能复合化

典型的快速路系统应承担城市内部快速、长距离、大运量的机动车交通需求，但是在山地城市（特别是在中心城区），部分快速路两侧都存在大量的公建用地、居住用地等，导致快速路在承担自身功能的同时，还需要承担主次干路功能，服务沿线大量集散交通。因此，快速路的横断面规划设计应结合不同路段，统筹考虑地面主辅路、地下隧道、地面高架等形式。在采用主辅路形式的路段，由于长短交通、快慢交通的混行，必须在规划和设计层面充分考虑二者的剥离。

（3）线形受地形影响大，构筑物较多，标准相对较低

山地城市快速路系统在规划设计过程中，需要结合地形合理选择线路布局，在江河、山岭、冲沟峡谷地带多采用桥梁或者隧道形式，因此结构物在山地城市快速路系统中的比例一般较大。同时在一些特殊路段，考虑整体的工程经济效益，常会选用较低的设计标准，这也是山地城市快速路一个比较明显的特征。

（4）重视地质灾害评估

快速路系统规划线路的实施将会对山地环境产生一定的影响，而山地环境的恶化也必将加大地质灾害的发生频率。为此，在选线和修建过程中应重视工程对周边环境的适应和减灾工作，通过加大水土保持的工作力度，加强植被保护，改善局部的生态环境，使其向良性方向发展。

第 2 章　快速路网规划

2.1　泸州快速环路专项规划

2.1.1　背　景

泸州，四川省地级市，位于四川省东南部长江和沱江交汇处，是川滇黔渝结合部区域中心城市。泸州是长江上游的重要港口城市，是四川省第一大港口、第三大航空港和成渝经济区重要的商贸物流中心，是世界级白酒产业基地。

图 2.1　泸州市"一核四副、八大功能组团"空间结构

同时，泸州市也是典型的山地城市。城市受山水分割，沱江、长江穿城而过，城市空间呈现以江阳半岛为核心，外围多组团分布的强中心、多组团格局，跨江通道数量的不足大大限制了城市建设与空间拓展。

2010年，泸州市启动了新一轮城市总体规划编制工作，泸州中心城区城市空间功能结构调整为"一核四副、八大功能组团"（见图2.1），规划城市人口发展规模为200万人。随着泸州市城市空间格局扩张及多中心、多组团格局的形成，城市交通呈现新的发展趋势，跨组团的快速通道规划建设尤为急迫。

2.1.2　关键问题与规划对策

●千城一面 VS.泸州快环

如今城市建设都趋于雷同，不能体现城市的区域特征及历史底蕴。就快速路道路系统而言，国内大多数城市都采用"环形+放射"结构（见图2.2），缺少对城市空间、产业布局、交通走廊的客观分析。对于泸州而言，鉴于其特殊的山地城市空间形态和用地布局，需要构建什么结构形式的快速路系统，承载何种交通功能，这个问题需要最先明确。

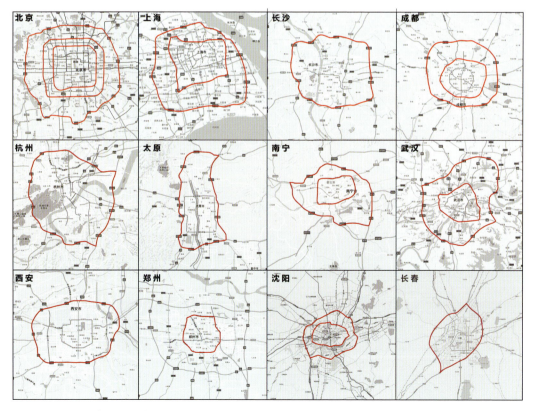

图2.2　国内众多城市快速路系统结构形态

　　由于泸州市城市总体规划中确定的城市空间结构为"一核四副、八大功能组团"，8 个外围组团围绕中心组团布置，因此外围组团间有着强烈的快速交通需求。从这个意义上讲，构建"环形 + 放射"快速路网结构是符合城市外围组团交通联系需求的。但进一步的分析修正了这个结论，基于以下 3 点原因：

　　①从城市空间拓展方向看，泸州市空间拓展为"北进南拓、东接西延、拥江发展"，城市的发展轴心为两江交汇以西"城北组团—中心半岛—城南组团—纳溪组团"，呈现明显的南北向轴带发展结构，机动车交通走廊布局应符合城市空间拓展的形态。

　　②从用地性质上分析，以中心半岛区域为核心，向城市南北新城方向功能外溢的特征比较明显，生活性组团沿南北向呈带状集聚布置，产业组团布置在城东，结合泸州港实现产业园区开发，城市客流及货流空间分布及流向特征差异明显。

　　③进一步的交通模型预测表明，机动车分布形态呈现出以南北向带状为主的特征（见图 2.3），数据层面的量化分析支撑了上述两个分析结论。

　　基于上述总体判断，泸州市快速系统规划布局应因地制宜地结合泸州市实际条件来综合确定，它应该体现城市总体规划及综合交通系统规划对于城市交通体系的总体战略部署，重点支撑城市南北向机动车交通走廊需求，并由纵横式的快速通道围合形成环形的快速路系统（见图 2.4）。对泸州市二环快速路的定位表述如下：

　　①快速环线是"四横六纵"骨架路网的重要组成部分，支撑泸州市城市空间拓展，重点加强两江交汇以西"城北中心—城西组团—城南中心—纳溪组团"联系，以及江南新区东西向组团联系。

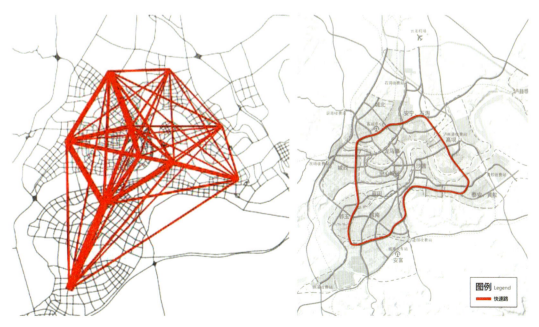

图 2.3　机动车交通 OD 分布图　　　　　图 2.4　泸州市快速环线规划布局

②快速环线同时也是外围组团间的快速联系通道，可实现组团间快速交通联系。
③快速环线是复合型快速通道，是规划轨道系统、快速公交系统的重要载体。

● 要不要辅道，谁说了算

平原城市的快速路系统一般由主道和辅道组成，辅道与主道共同发挥作用。主车道上行车速度快，通行能力强，对安全要求高；辅道速度慢，主要用于集散沿线交通。但是在山地城市，比如紧邻泸州市的重庆市，内环快速路却没有设置辅道系统，沿线的交通组织通过各个立交节点来实现。那么问题就是，同样作为山城的泸州，在规划快速路系统时是否需要考虑设置辅道呢？

这需要从快速路的特点和服务泸州的功能说起。

城市快速路建在城区，服务于城区，但是其封闭、控制出入的特点又与高速公路类似，这就决定了它需要通过设置辅路或者立交来实现与城市其他路网的衔接。同时，快速路主路也必须利用辅路来解决由于快速路对地块的分割而造成的沿线出行问题。因此，辅道与主道是相辅相成、互为补充的关系。

泸州市的快速环线是骨架路网的重要组成部分，它既是支撑城市空间拓展的快速联系通道，也是解决山地城市公共交通客流的联系通道，是"小汽车 + 公共交通"复合型快速通道，二者相互独立又彼此统一。同时，快速环线利用了部分已建成区域的干道系统进行升级改造，也必须要解决升级改造后沿线地块的进出交通问题。

基于上述分析，辅道是快速路的重要组成部分，但是对于泸州市这样的山地城市，需要结合具体情况统筹考虑。泸州快速环线的标准横断面方案设置主线与辅道，道路红线按 70 m 控制，断面形式为：中央分隔带（4 m）+8 车道（2×15.5 m）+ 侧分带（2×5 m）+ 辅道（2×8 m）+ 人行道（2×4.5 m），道路两侧各控制 30 m 绿带，总控制范围为 130 m（见图 2.5）。

图 2.5　快速环线近期标准横断面图（单位：cm）

具体路段的横断面设置在上述标准断面基础上进行调整，根据路段沿线地形及用地条件划分为 5 类（见图 2.6）：

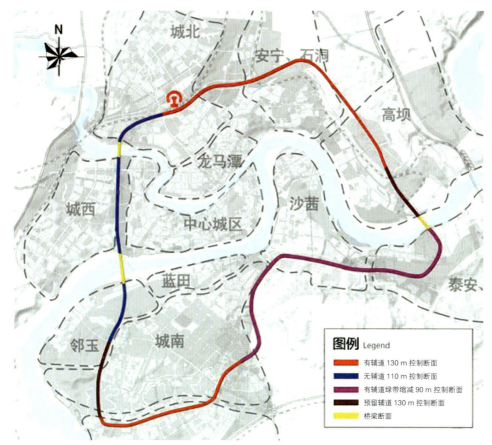

图 2.6　快速环线横断面规划图

①北一段：空港立交至蜀泸立交段，标准横断面，设置辅道，按 130 m 红线控制。

②北二段：蜀泸立交至沱六桥段，构筑物多，可设辅道路段进行交通分散，但因其长度短，故不设置辅道，按 110 m 红线控制。

③西一段：沱六桥至滨江立交段，由于立交间距近（约 800 m），加之山体分割，因此不设置辅道，按 110 m 红线控制。

④西二段：长江六桥至机场路段，构筑物多，场地与环线高差大（高达 17 m 左右），故不设置辅道，按 110 m 红线控制。

⑤西三段：机场路至纳溪段，近期不建设辅道，远期根据用地规划预留辅道，按 130 m 红线控制。

⑥南一段：纳溪片区段，结合用地规划预留辅道，按 130 m 红线控制。

⑦南二段：高新区段，设置辅道，为减少对两侧用地的分割，建议两侧绿带各缩减至 10 m，按 90 m 红线控制。

⑧东一段：港区段，因保税区用地较独立，规划中无轨道及快速公交通道，故近期按照无辅道、无中央分隔带断面布设，按 130 m 红线控制。

⑨东二段：石洞组团段，尚无用地，规划中无轨道及快速公交通道，故近期按照无辅道、无中央分隔带断面布设，按 130 m 红线控制。

● 轨道有话说

受跨江通道的限制，快速路跨江线位不得已与规划公共交通（轨道交通）跨江线位发生局部重合（见图 2.7），这就产生了一个问题——在机动车走廊上布置大中运量的公共客流走廊是否合适？

图 2.7　快速环线与轨道交通空间关系图

对这个问题的理解，需要从规划和实施层面着手。

从规划层面讲，显而易见，这样的重叠是不适合的。因为为了保证机动化交通的高速机动性，减少对城市空间的分割作用，快速路的选线原则上是尽量选择城市建设外围地带或者非核心地带，以减少快速通道对城市的影响，通过节点或者辅道实现与下一级的城市路网的衔接，进而服务城市。这样的话，在快速路上布置公共交通系统，势必削弱其对城市公共交通客流的吸引力。

关于泸州市快速环线与轨道交通线位重叠的问题，这一矛盾是客观存在的，但是进一步的分析评估认为二者是可以兼容的，基于以下 4 点考虑：

①跨江通道是有限的，必须尊重客观现实。跨江通道的核心是跨江桥位，而桥位的选择需要从政治、经济、国防等需要出发，结合当地实际因素，经过全面的分析研究与经济比较后，从多种方案里选出一个最佳方案。就此而言，山地城市，特别是被大江大河分割的山地城市，跨江通道资源稀缺是客观事实。

②把握城市发展的迫切需求。可以预见，在未来十年内，空间拓展将一直是泸州市城市发展的主题词。这不是盲目的发展，而是城市在长期发展受限条件下的大幅度需求反弹，并且是长期的、持续的。对于泸州市这样的地级市而言，跨江快速通道的建设，无论是在必要性、可行性，还是在社会经济效益、融资渠道等各个方面，都远远优先于轨道交通。

③结合轨道定位，把握真正的客流需求。轨道交通对于泸州的意义，不仅仅在于疏解既有半岛核心区的客流输送问题，更重要的是借助轨道交通引导城市空间拓展和新区用地开发。因此，真正重要的是构建一个能联系未来城市发展新区核心区的轨道交通线网。虽然线网局部与快速通道共线，弱化了局部线路的客流吸引力，但是却能更好地支撑未来城市南北片区核心功能组团的直达联系，客流分析预测的结果也有力地支持了这一判断。

④规划必须可实施。这是山地城市交通规划尤需注意的问题，好的规划不仅要预判城市未来的发展方向、把握交通阶段特征，还要能够真正指导项目实施。对于泸州市而言，无论是调整快速环线还是轨道线位，在其他桥位处都已经被证明不具备可行性，此时要保障快速环线和轨道线网过江，重合是较优选择。

• 商业说，请远离我

由于快速路经过了泸州市高新区用地核心，对城市用地空间和整体环境造成了一定的影响，因此在方案论证过程中进行了 3 条线位的比选。在介绍方案之前，有必要先介绍一下高新区的空间形态和用地布局（见图 2.8），以利于我们对方案进行评判。

从空间形态上分析，泸州市高新区北沿长江，南靠南寿山，整体呈横向拓展，又受山体限制，存在明显的地理性蜂腰，南北向纵深仅有 1.4 km。从用地性质上分析，高新区主要以高新技术产业、片区级商业、商品房及部分高端住宅为主，对城市整体形态及功能的要求较高。从路网结构分析，整体道路网布局以中心轴线为核心，呈现

图 2.8　泸州高新区控制性详细规划

出较为规整的棋盘式网状布局特征，次支道路多蜿蜒，片区对外联系主要依靠单一通道实现（现状是重要的货运通道）。

　　基于高新区的特殊条件，有必要对快速环线的线位选择进行深化论证。现介绍 3 条线位的方案如下（见图 2.9）：

　　①方案一（现有绕城环路拓宽改造）。绕城环路现状为 22 m，一级公路，道路红线为 40 m，同时北侧已预留 50 m 的建筑后退红线。方案一提出在现有道路的基础上，利用现状规划预留用地对绕城环路进行拓宽改造，道路红线为 70 m。考虑到高新区的最新用地规划要横穿其商业核心区，为减少对高新区核心区地块分割的影响，建议局部路段采用下穿方式，两侧各预留 10 m 绿带。

　　②方案二（新建南寿山山前快速道路）。现状绕城环线拓宽为 50 m 红线，为双向 6 车道城市主干路，快速环线改走南侧南寿山山前道路，道路红线按 42 m 规划设计，双向 8 车道，不设辅道，两侧考虑少量绿化。

　　③方案三（高速路内侧道路）。将方案二中的线位进一步南移至外围高速内侧。

　　由于方案三对南部地块几乎无服务功能，且线路长、造价高，故不予考虑，下面主要针对方案一、方案二进行对比分析（见表 2.1）。

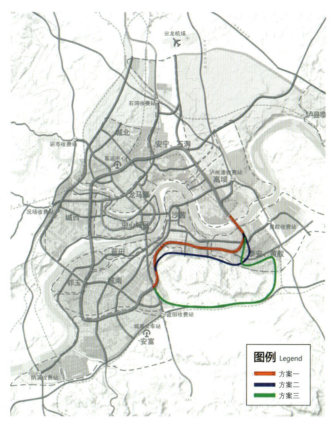

图 2.9　泸州市高新区快速环线 3 条线位示意图

表 2.1　高新区快速环线线位方案综合对比

对比项	方案一	方案二
整体路网结构	形成东西向 2 条干路系统：酒谷大道（6 车道）、快速环线（8 车道），干路间距相对合理	形成东西向 3 条干路系统：酒谷大道（6 车道）、中轴主干道（6 车道）、快速环线（8 车道），平均间距不足 500 m，资源浪费
通道规模	东西向断面高峰小时最大流量为 5 400 pcu，平均饱和度为 0.67	东西向断面高峰小时最大流量为 5 400 pcu，平均饱和度为 0.51
地形条件	沿山脚走向，与地形衔接良好，利用规划控制绿带拓宽	山腰位置地形条件复杂，穿过山头约有 2 km 长隧道
路网衔接与用地协调	利用简易立交或部分互通实现路网衔接，局部下穿减少对核心区的冲击	至少需要 2 个全互通立交来实现路网衔接，带动沿线地块发展的作用不强
投资分析	建安费约 6.2 亿元，征地费用约 5.2 亿元，总投资约 12 亿元	建安费约 16.9 亿元，征地费约 5.7 亿元，总投资约 23 亿元
结　论	推荐选用方案一	

泸州市快速环线规划是典型的山地城市快速路网规划案例，回顾整个规划过程，有几点需要尤其注意：

①快速路网形态结构需要结合城市空间形态、产业布局、走廊特征等来综合确定，不能简单处理。

②山地城市快速路网横断面形式灵活多变、不拘一格，需要结合实际需求来确定。

③对于处于快速发展期的城市，一定要充分考虑好重大交通基础设施之间的衔接关系，充分预留，有效控制。

2.2 重庆中环快速干道选线规划

2.2.1 背 景

重庆，素称"山城""江城""雾都"等，是国家级历史文化名城，是我国重要的工业城市和贸易口岸。重庆行政区域面积为 8.2 万 km^2，辖 38 个区（县、市），是中国特大城市之一，1997 年被列为中央直辖市。

直辖以来，随着经济的高速发展、城市人口的持续增加和城市用地的不断拓展，重庆主城区交通发展的外部条件发生了重大变化，同时也对交通建设提出了更高的要求。为此，2002 年重庆市政府和市规划局启动了重庆市第一次综合交通规划，在城市道路网络规划方面编制形成快速路网规划，提出重庆规划快速路网结构为"四横、四纵、一环、六联络"，全长 411.17 km。

重庆市是典型的山地城市，重庆主城区被东北—西南走向的缙云山、歌乐山、铜锣山和明月山分割，还有长江与嘉陵江穿城而过，地形地貌错落复杂，沟多坡陡，对快速路网规划制约较大，因此有必要对经过复杂山地的路段进行落实和深化。

2.2.2 中环线概念缘起

2004 年以前，重庆内环为高速公路，全长 76 km，双向 6 车道，设计车速为 80 km/h，道路红线宽度为 132 m。当时规划中的绕城高速全长约 185 km，双向 6 车道，设计车速为 100 ~ 120 km/h，道路红线宽度为 132 m。绕城高速公路北半环距离内环北半环 16.8 ~ 19.2 km，南半环距离内环南半环 11.1 ~ 20.8 km，东半环距离内环东半环 9.8 ~ 15.5 km，西半环距离内环西半环 15.5 ~ 19.5 km。绕城高速与内环高速的距离大，从而引发在其间增加快速环线的思考。

快速路网规划中，"一环"即"中环线"（见图 2.10），起于白市驿，经西永、蔡家、宝山大桥、回兴、郭家沱大桥、长生、界石、白居寺、石板，终点回至白市驿，全长 136.38 km，道路红线宽度为 104 m。

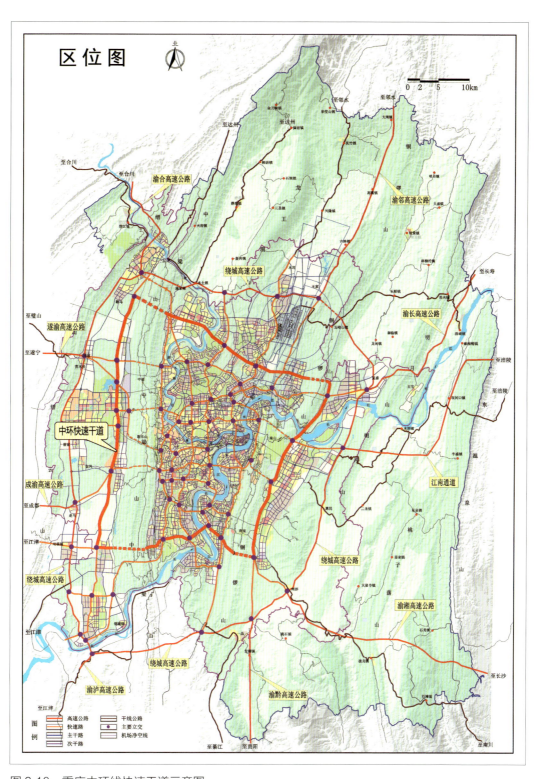

图 2.10　重庆中环线快速干道示意图

2.2.3 关键问题与对策

● 设计车速为 80 km/h 还是 100 km/h

城市快速路是供汽车连续、快速行驶的专用道路，主要满足中长距离交通的需求，用于联系城市各个片区、组团以及城市对外联络道路，可提高城市的运行质量和效率，缩短城市各片区及组团之间的时间距离。城市快速路是一个相对独立的系统，其与城市各开发区、组团是藤与瓜的关系。

设计车速是道路设计的关键技术指标，直接影响投资与道路功能。中环线处于内环高速与绕城高速之间，内环高速设计车速为 80 km/h，实际运行速度为 100 km/h，绕城高速设计车速为 100 ~ 120 km/h。从道路交通功能来看，中环快速干道宜采用 100 km/h。但重庆为山地城市，若设计车速过高，其主线线形标准、立交标准将相应提高，从而造成工程投资过大；且立交间距大、组团开口少，对新区带动作用小，不利于城市近期发展。另一方面，当时《城市道路设计规范》（CJJ 37—90）中，快速路设计速度分为 60 km/h 和 80 km/h 两档，经多次论证，中环线设计车速采用 80 km/h。

● 中环线隧道群采用 6 车道还是 8 车道

重庆中环线全长 136.38 km，跨长江两次，跨嘉陵江一次。由于重庆地区被川东平行峡谷切割，中环线快速干道隧道较多（近十座），且多为中长隧道，其中两次穿越中梁山，两次穿越铜锣山，皆为特长隧道，因此，隧道的工程技术方案是否可行，对中环线快速干道投资影响重大。

1）2003 年前我国公路隧道工程的状况

据统计，到 1979 年，我国公路隧道通车里程仅为 52 km，数量为 374 座。1993 年发展到 682 座，总长 136 km，隧道平均长度为 199 m，均是二级以下的短隧道。随着我国基础建设的飞速发展，我国公路隧道事业取得了巨大的成就。到 2002 年年末，我国建成的公路隧道总数已达 1 782 座，总长达 704 km，单洞最长达 4 706 m，建成 3 000 m 以上的特长隧道 13 座，1 500 m 以上的 3 车道公路隧道 5 座，盾构隧道 2 座，沉埋隧道 2 座。

阿尔贝格隧道（奥地利，全长 16.285 km）、弗雷儒斯隧道（法国—意大利，全长 12.686 km）、圣哥达公路隧道（瑞士，全长 16.322 km）、青函海底隧道（日本，全长 53.85 km）、英吉利海峡隧道（全长 51 km）、东京湾隧道（日本，全长 9.583 km），以及连接我国香港西营盘和西九龙填海区的双洞三车道海底隧道的成功建成，标志着大断面、大跨度、大埋深且地质条件极其复杂的长大隧道建造技术日益完善、日渐成熟。而南京中山门隧道，广东的大宝山隧道、白云山隧道、靠椅山隧道、虎背山隧道、白花山隧道，北京的石佛寺 1 号—2 号—3 号隧道、潭峪沟隧道、八达岭隧道，以及重庆市的铁山坪隧道、真武山隧道、三王岗隧道、歪觜山隧道等三车道高速公路隧道的相继建成，为我国大跨度隧道的建设积累了宝贵经验，掀起了我国长大隧道建设的热潮。其中，长度超过 5 km 的隧道有 5 座，最长的隧道将达到 18.6 km，一些跨江、跨海隧道方案也被相继提出。

2）单向三车道隧道及单向四车道隧道的比较

2003 年前，我国已建成的大跨公路山岭隧道大多为单向三车道隧道，建成的单向四车道隧道较少，仅有沈大高速公路中的韩家岭隧道及广州东二环高速公路的龙头山隧道为单向四车道。

（1）通行能力

根据 1980 年 A. 费雅德的研究结果，单向三车道公路的通行能力为单向两车道公路的 1.58 倍，单向四车道公路的通行能力约为单向三车道公路的 1.3 倍。

（2）开挖断面

由于建筑限界的限制，要降低开挖断面，必须以降低高跨比来实现。对于三车道以上的大断面隧道，恰当地降低高跨比会带来直接的经济利益。但结构设计和施工方面会出现新的问题：对于围岩，坑道开挖后岩土体在地应力及自身重力的作用下向洞内移动，并导致洞两侧的土体受压，反映在洞周位移上，拱顶位移远大于水平收敛，并由此导致支护结构体系的破坏形式与高跨比较大的单、双线隧道相比也有所不同。由于开挖宽度大，三车道及四车道隧道大都采用了三心圆或五心圆的衬砌内轮廓线的扁坦隧道型式。三车道隧道开挖宽度约 15 m，开挖断面大多在 120 m² 以上。四车道隧道开挖宽度约 18.5 m，开挖断面在 180 m² 以上。隧道设计理念中，围岩是承担荷载的主力军，若围岩因洞室过大而不易稳定，则工程措施费用将大幅上升。经计算分析，四车道隧道工程造价将为三车道隧道的 2 倍左右。

一般来说，由于四车道隧道断面大，在相同条件下隧道的洞口加强段也应相应地比三车道隧道长。加上隧道进出口处围岩岩性较差，开挖时不易于成洞，四车道隧道需要考虑更为复杂的开挖及支护方式，这也将导致隧道成本迅速增加。

（3）隧道间最小净距的要求

从理论上来说，上下分离的两相邻隧道应分别置于围岩压力相互影响及施工影响范围之外，使隧道间的岩柱有足够的强度和稳定性，不致危害到相邻隧道的施工及结构的安全。根据工程经验，考虑到围岩类别、断面尺寸、施工方法及震动影响等因素的不同，两隧道间的最小净距一般取 2.0 倍隧道开挖断面宽度以上。隧道断面的增大，要求隧道间的最小净距也相应加大，必然引起隧道进洞的引道也相应地加长加宽，占地更多，这对于寸土寸金的城市用地来说，是十分不划算的。

3）结论及建议

在进行交通战略方案评价时，应引入交通经济新概念；交通系统选择是交通供给和交通需求的平衡进程；交通供给是有限资源，需求是无限的（但是可以控制），考虑到中环线快速干道双向八车道隧道方案投资为双向六车道的2倍，而通行能力只提高30%，中环线快速干道沿线隧道群宜采用双向六车道方案。

● 有辅道还是无辅道

国内北京已建的二、三、四环快速路系统由主路和辅道组成，采用平面主辅路形式；上海内环高架快速路系统也由主路和辅道组成，采用上下主辅路形式。重庆作为山地城市，地势陡峭，其断面是采用主辅路还是无辅路，主要取决于快速路功能、服务区域大小、工程经济三者的平衡。

城市快速路服务的对象是中长距离的快速汽车交通，为解决快速路沿线区域交通，以及禁止上快速路的公共交通、机动车交通、行人交通的运行要求，在快速路两侧或一侧设置辅道可完善快速路系统的使用功能。另一方面，重庆为山城，地形复杂，特别是北半环从西往东以隧道方式穿越中梁山、蔡家岗、白鹤嘴、环山、铜锣山，以桥梁跨越嘉陵江、张家溪、赖家溪、同溪河等河流，若全部采用辅道，工程造价会成倍增长。

因此，重庆中环线标准横断面方案采用3种断面形式，道路红线按54～64 m控制，道路两侧各控制20～25 m绿带，总控制范围为104 m。

（1）西环段

白市驿至北碚狮子岗立交段道路红线为64 m，并设置辅道。断面形式为：中央分隔带（2 m）+单向三车道（12.25 m）+侧分带（5 m）+辅道（8 m）+人行道（5.75 m），道路两侧各控制20 m绿带，总控制范围为104 m（见图2.11）。

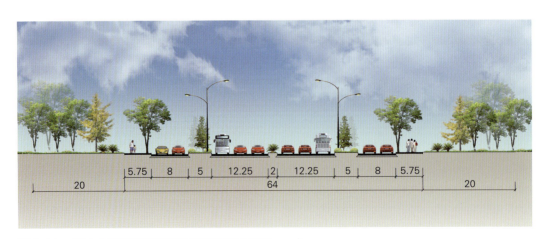

图2.11　重庆中环线西环段标准横断面图（单位：m）

（2）北环段

北碚狮子岗立交至两江新区岱家山立交段，由于桥隧众多，故不设置辅道。道路红线按 54 m 控制, 断面形式为: 中央分隔带（3 m）+ 单向三车道（12.25 m）+ 绿化带（8.25 m）+ 人行道（5 m）, 两侧预留 25 m 隔离绿带, 总控制范围为 104 m（见图 2.12）。

图 2.12　重庆中环线北环段标准横断面图（单位：m）

（3）东环段

两江新区岱家山立交至巴南区界石立交段, 由于中环快速路紧靠铜锣山东侧, 只有道路东侧有城市用地, 因此未设置辅道。道路红线按 54 m 控制, 双向八车道, 断面形式为: 中央分隔带（2 m）+ 单向四车道（15.5 m）+ 检修道（1.5 m）+ 绿化带（9 m）, 两侧预留 25 m 隔离绿带, 总控制范围为 104 m（见图 2.13）。

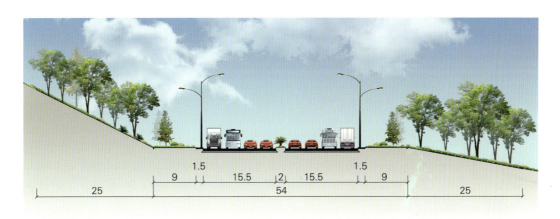

图 2.13　重庆中环线东环段标准横断面图（单位：m）

（4）南环段

巴南区界石立交至九龙坡巴福立交段, 桥隧众多, 故不设置辅道。道路红线按

54 m 控制，断面形式为：中央分隔带（3 m）+ 单向三车道（12.25 m）+ 绿化带（8.25 m）+ 人行道（5 m），两侧预留 25 m 隔离绿带，总控制范围为 104 m（见图 2.14）。

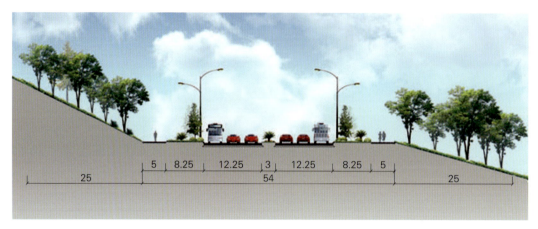

图 2.14　重庆中环线南环段标准横断面图（单位：m）

2.2.4　中环线缘灭

随着重庆主城北扩、西进、东突向外发展，特别是 2007 年国家对重庆市提出了"314"总体部署以后，国家相继批准重庆市设立全国城乡统筹示范区、国家第一个内陆保税港区和西永综合保税区。2009 年 1 月的"国发 3 号文"更是将重庆的发展上升为国家战略。重庆市新的定位和国家赋予的使命，使重庆的发展环境与以往相比发生了质的变化。

直辖以来，重庆市的城市规模快速发展，城市扩张到了亟待进行空间结构调整的关键时期。在新的发展环境下，国家把重庆市作为进行城乡统筹和城市发展探索的试验区，根据对重庆新的发展要求提出了新的城市空间范围和发展模式：城市主城区扩展到原都市区范围（5 473 km²），城市空间由"一主六副"逐步演变为"一主多副"，城市人口规模由原规划的 930 万人增加到 1 200 万人，城市建设用地面积由原规划的 835 km² 拓展为 1 188 km²。为了适应城市发展需求，将中环快速路向东、西、南、北延伸，从而构建新的东西、南北向快速路系统，使中环快速路系统被分解为快速路一纵线、一横线、六纵线、五横线，从而在主城区范围内形成"五横六纵一环七联络"的快速路网结构（见图 2.15）。

回顾重庆中环快速干道选线规划过程，有几点需要尤其注意：

①规划要有前瞻性，主路标准应统一，以适应未来交通发展需求。特别是主路车道应一致，否则将来会影响运营，改造难度也非常大。

②在地形受限的条件下，上下主辅路形式的快速路系统更适用于山地城市。

③加强快速路两侧次干道、支路系统的有机联系。

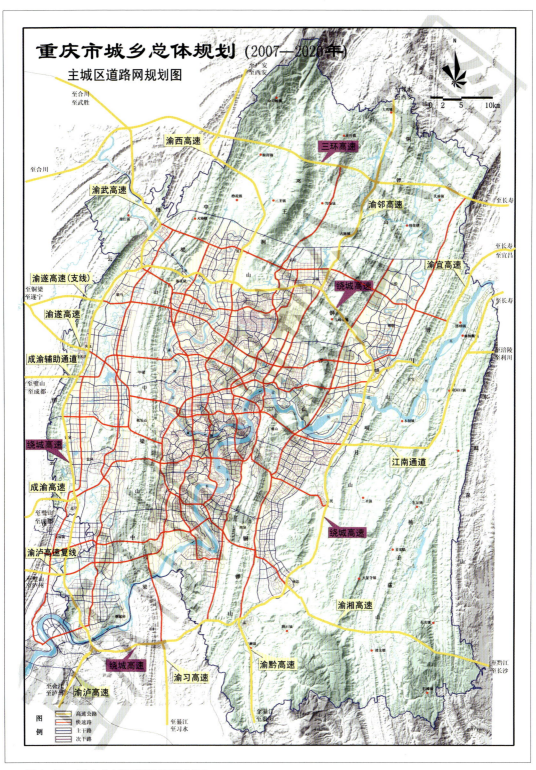

图 2.15 重庆主城区道路网规划图

2.3 绵阳快速路网规划

2.3.1 背景

绵阳，四川省辖地级市，位于四川盆地西北部，地处成都、重庆、西安"西三角"的腹心地带，是成都平原城市群的重要节点城市，也是四川省西北部的次级交通枢纽城市。

绵阳市是"5·12"特大地震的重灾区，也是灾后重建的重点地区。随着国家大规模的资金投入和扶持政策的出台，绵阳市省级经济开发区升级为国家级经济开发区。同时，随着北川新县城的建设，以及人口和产业的调整转移，绵阳市域空间格局面临新一轮调整，中心城集聚效应更加明显，绵阳—江油—安县—北川（以下简称"绵江安北"）都市区发展前景广阔。

长久以来，受到涪江、安昌河分割，绵阳城市形态形成了严重的空间分化，组团间的蜂腰特征特别突出，各组团间联系都要经过核心区衔接，给核心区的交通（尤其是仅有的几座跨江河通道）带来了严重的负担。

2.3.2 关键问题与规划对策

1）绵江安北区域快速交通一体化

"5·12"灾后重建中，北川、安县的新县城建设已经利用区位优势主动与绵阳市区形成一体化发展，尤其是安县与市区同城在 2010 年就先行破题（现已升级为安州区），随后江油市也逐步融入同城发展。2012 年，《绵阳市城市总体规划》和市委市政府《关于加快推进新型工业化、新型城镇化互动发展意见》明确指出，绵江安北由绵阳中心城区、江油城区、安县花荄镇区、北川县城及绵阳江油、绵阳安县沿线城镇及三台的芦溪等组成，到 2020 年要基本实现绵江安北的协调发展、同城化发展，建成一个面积超过 200 km² 、人口超过 200 万人的"大绵阳"（见图 2.16）。

绵江安北地区位于四川省重要发展轴线——宝成城镇发展轴上，是绵阳市现状社会经济发展水平最高、城镇和产业发展条件最好的地区，是绵阳市域城镇核心发展区。根据 2010 年的交通调查，江油方向日交通进出总量为 13 000 辆，安县北川方向日交通进出总量约 23 200 辆。

按照统筹规划、合理布局、互利共赢的原则，规划加快了一批重要经济干线的建设和改造升级，推动构建绵江安北"半小时经济圈"，其中就包括区域一体化的快速路网系统（见图 2.17）。

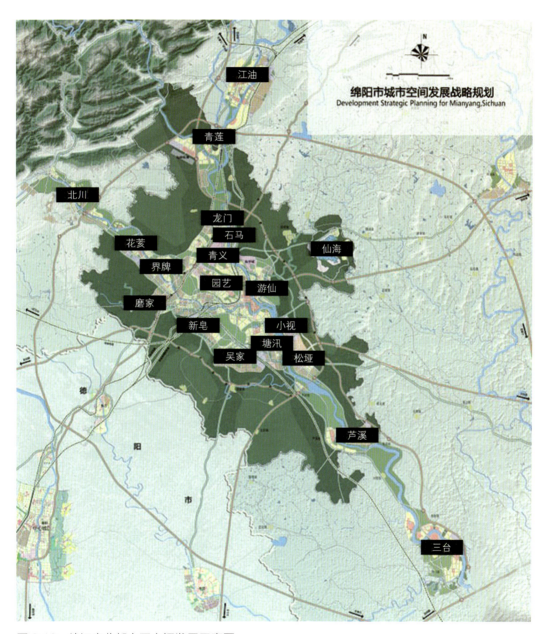

图 2.16　绵江安北都市区空间发展示意图

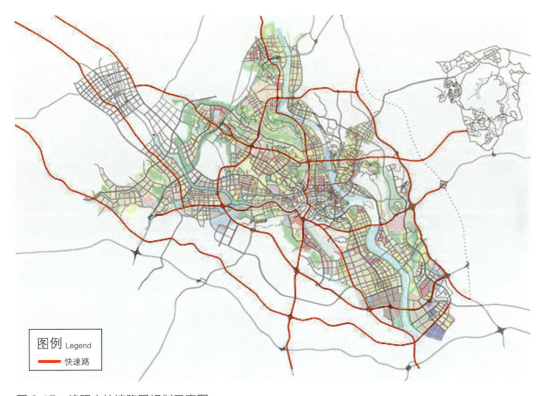

图例 Legend
—— 快速路

图 2.17 绵阳市快速路网规划示意图

①构建联系绵阳中心城区至安县（现为安州区）的多通道快速系统，并通过高等级公路外延，实现与新北川县的快速联系。快速路沿安昌河两侧布置，北侧联系中心城区未来行政中心组团及商务组团，南侧联系产业园组团，实现客流、货流的有效交通组织；在中心城区，快速路与快速环线实现衔接互通，剥离过境交通，减少长距离外部交通对城市交通的干扰。

②按照快速路等级提升改造既有绵江通道城区段，实现绵阳市中心城区与江油市的快速联系，并实现与中心城区快速环线的衔接。

③新增中心城区南向快速通道，与三台芦溪镇方向实现快速联系。

④结合远景城市南部片区规划预留用地，控制直达性快速通道，构建核心通道系统。

2）解决过境交通穿城问题

现状绵阳市已形成以涪城核心区为中心，涵盖园艺、高新区、塘汛、游仙、科学城等组团的"单中心、多组团"的城市格局。但是，江河山体的分割造成城市中心区外围组团之间缺少便捷的联系通道，已有的联系道路标准又过低，各组团之间同一方向上分流道路不足，导致组团之间的交通出行均需要穿过城市中心区，既增大了城市中心区的交通压力，又制约了外围城市组团间的交通联系（见图 2.18）。

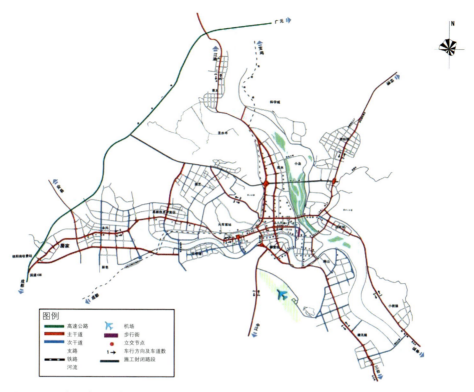

图 2.18　绵阳市现状城市路网

中心城区路网的不合理格局，造成对核心区的交通保护功能缺失，向心交通与过境交通直接冲击核心城区，使核心区承受很大的交通压力。为解决实际问题，同时支撑多组团、立体化的发展，构建绵阳市快速路网系统如下：

①构建串联外围组团的快速环线。

②根据交通需求，在安昌河两侧分别构建东西贯通快速通道系统，使北部片区实现城市新区、行政中心、商务中心的直达；南部片区实现外围新区、工业园区、城南新区的直达联系；东部片区构建南北向快速路系统。

③核心区构建南北向快速路系统及连接支线。

3）既有通道的改造升级

绵阳市已经迈过了城市快速发展时期，城市空间发展主要以内部填充及外围新区拓展为主，因此快速路的构建大部分是利用现状城市道路进行升级改造的。得益于既有道路条件良好，大部分道路的快速化改造具备可行性，但由于绵阳市具有山地城市的特征，在跨河桥梁、穿山隧道、跨铁路通道、既有高架改造方面，仍然存在较大的规划设计技术难点。规划过程中采用了以下几个方面的措施来保障既有道路的快速化改造。

①沿线节点立交控制。对既有平面交叉口进行立交化改造，部分次要节点限制转向车辆通行，依靠交通组织来实现联系。

②跨河桥梁复线桥工程及连接线优化。规划既有桥梁复线桥工程，以既有桥梁做单向交通组织，与复线桥共同构成快速路跨河通道。

③高速路改快速路。利用高速路线位升级，改造其为城市快速路，为城市远期拓展提供规划预留空间，同时将高速路进一步外推至城市远景发展区。

4）沿安昌河快速路系统

绵阳市快速路网在安昌河以南规划了一条横向快速道路系统，以支撑安昌河以南的城市东西向组团间联系，但由于受地形空间限制，规划的落实面临一个实际问题，即快速通道该如何选择？

从城市空间结构及建成区情况看（见图 2.19），安昌河以南，从永兴组团—花园片区—御营坝片区，受到河流、铁路、山体、城市用地、机场的影响，存在多个蜂腰，在此构建快速路难度很大，可供选择的通道只有滨江路，如果要上快速路系统，则面临着对滨河路功能定位的重新梳理，并需要进一步评估对城市景观的影响。

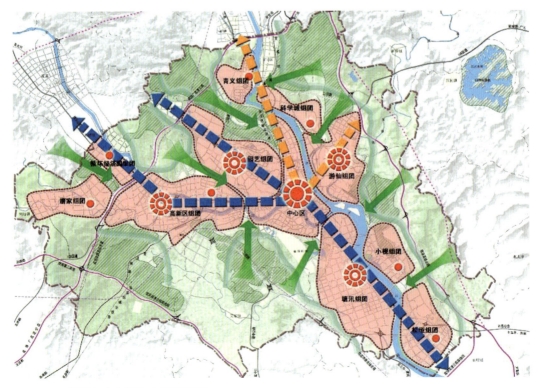

图 2.19 绵阳市中心城区空间结构图

最终，规划方案选择了对滨河路的一段进行快速化改造，并在断面设计和景观规划处理方案进行细化。

①结合滨河路控制绿带，确定快速路红线控制宽度为 53 m，按照双向六车道规模设计（见图 2.20）。对整条线路而言，由于穿越了城市建成区，沿线道路断面形式各异，因此对其各路段的断面规划进行了分段处理，包括地面高架和局部下穿隧道。

②确保与环境的协调，保留沿河步行道及自行车道，宽度控制为 8 m，并进行景观及噪声防护处理。

回顾绵阳市快速环线规划过程，有几点需要尤其注意：

①规划要有前瞻性，为城市中心城区、外围拓展区做好规划控制，更好地支撑区域一体化发展。

②既有通道的快速化改造是快速路网构建的难点问题，尤其对跨江穿山通道，一定要做好规划控制。

③地形受限条件下，沿河快速路系统是可选的方案，但尤其需要对其规划方案进行仔细斟酌，并采取多种手段来降低其对沿河道路及沿线用地的冲击。

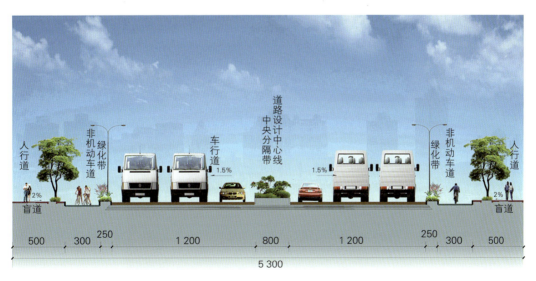

图 2.20　绵阳市滨河快速路断面示意图（单位：cm）

第3章 城市交通更新

3.1 鹅公岩大桥东西干道（大公馆立交—四公里立交）

3.1.1 背景及工程概况

1997 年以前，重庆南岸区、渝中区和九龙坡区跨越长江的城市桥梁只有石板坡长江大桥和李家沱长江大桥，南岸区与九龙坡区杨家坪交通十分不方便。1997 年重庆直辖后，随着经济的飞速发展，制约城市交通咽喉的工程——鹅公岩大桥的建设也被提上建设日程。鹅公岩大桥及其东西干道的修建是重庆城市快速路建设的里程碑，这是重庆主城区修建的第一条快速路。

鹅公岩大桥东西干道（见图 3.1）西起成渝高速出口谢陈路，经大公馆上跨袁茄路形成大公馆立交，在谢家湾下穿长江二路形成谢家湾立交，从建设厂生产车间与建设厂医院间穿过，然后跨越长江，

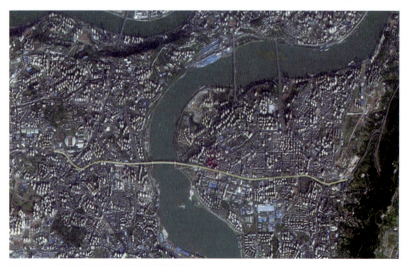

图 3.1　鹅公岩大桥东西干道航测图

经赵家坝、大石路、四公里，形成赵家坝立交、大石路立交、四公里立交，终点接高速公路内环向家坡立交收费站。道路全长 7.9 km，道路等级为城市快速路，设计车速为 80 km/h，双向六车道，标准路幅宽度为 44 m。该工程主要包含鹅公岩大桥 1 座、互通式立交 5 座。其中，鹅公岩大桥为特大桥，主跨 600 m，全桥长 1 400 m。

3.1.2　项目挑战

①技术标准如何确定？

②旧城区快速路人行系统如何设置？沿线单位进出口如何衔接？

③如何与规划轨道线衔接？轨道荷载如何考虑？

④大桥收费站的位置如何选择？如何处理其与立交的关系？

3.1.3　创新设计与技术特点

①重庆第一条出入口控制、人车分离的城市快速路。

鹅公岩大桥东西干道西边位于九龙坡旧城区，房屋众多；东边位于重庆经济开发区，为城市新区，地势平坦，道路两侧规划控制较好。道路选线主要考虑大桥桥位选择，以及育才中学、建设厂车间及沿线房屋撤迁，应结合地形、地貌进行比选，在满足快速路功能前提下尽量减少撤迁，降低工程投资。大公馆至谢家湾段采用半径为 400 m 的 S 形曲线通过，避开了原规划线路大量的房屋撤迁。

为发挥其快速干道功能，全线共设计了 5 座互通立交，分别为大公馆立交（见图 3.2）、谢家湾立交（见图 3.3）、赵家坝立交（见图 3.4）、大石路立交（见图 3.5）、四公里立交（见图 3.6 和图 3.7）；还有 3 座分离式立交，沿线单位出入口及支路不接入主线。

②重庆第一座公轨共建的跨江大桥（见图 3.8）。

③在重庆首次采用沥青玛蹄脂 SMA 路面。

④在西南地区高架桥及立交桥梁首次全部采用预应力钢筋混凝土结构。

图 3.2　大公馆立交实景

图 3.3　谢家湾立交实景

图 3.4　赵家坝立交实景

图 3.5　大石路立交实景

图 3.6　四公里立交建成时实景

图 3.7　四公里立交实景

图 3.8　长江鹅公岩大桥实景

　　重庆长江鹅公岩大桥为重庆主城首座三跨连续钢箱梁悬索桥。大桥主桥长 1 022 m，主跨为 600 m，跨径布置为 211 m + 600 m + 211 m。主塔为门式塔架结构，东塔高 163 m，西塔高 160 m。

3.1.4　经验及借鉴

回顾本项目设计及建成后的运行效果,以下几点尤需注意:

①互通式立体交叉应保证主交通流向基本车道的连续性。大公馆立交和谢家湾立交主线为单向两车道,比路段单向三车道少一条车道,未能保证主交通流向(直行方向)基本车道为三车道的连续性,立交对交通的适应性较差。

②立交匝道进出不应在主线上交织,若需交织,应设置实体隔离集散车道。大石路立交和四公里立交部分匝道(见图3.9)进出主线未设置集散车道,直接在主线交织,部分交织段虽只有90 m,但严重影响主线通行能力。

③立交左转匝道不应从主线左进左出。

④严格控制主线开口。鹅公岩大桥东西干道建成后,为解决部分地块出入,陆续增加了多处出入口,主线交织严重。

⑤人行过街设施间距宜为300～500 m,旧城区宜采用小值,以加强快速路两侧的联系。

⑥桥梁预留轨道荷载必须适应轨道的发展要求。

图 3.9　四公里立交匝道在主线交织

3.2 快速路五纵线（南坪交通枢纽段）

3.2.1 背景及工程概况

南坪位于重庆市南岸区境内，北接长江大桥，南接渝黔路，东临海棠溪，西临鹅公岩大桥，是南岸区的政治、经济、文化中心，中心区规划面积约 2.0 km²。南坪中心区北距渝中区解放碑中央商务区 5.5 km，距南滨路 1.0 km，东南侧距南山 2.5 km，是重庆最重要的城市副中心之一。南坪中心区（见图 3.10）主要指南坪东路、南坪西路、万寿路、南城大道、响水路围合成的约 3.1 km 环线道路的影响范围，并包括南北向的城市快速干道南坪南路、南坪北路影响范围。

南坪中心商圈已基本形成，商圈内集中了南岸区大部分的商业设施。大型综合建筑吸引了大量的交通，交通量的快速增长给该地区带来巨大的交通压力。同时，随着商圈周边重要节点改造的相继完成，如长江大桥南引道、石板坡长江大桥的加宽改造，

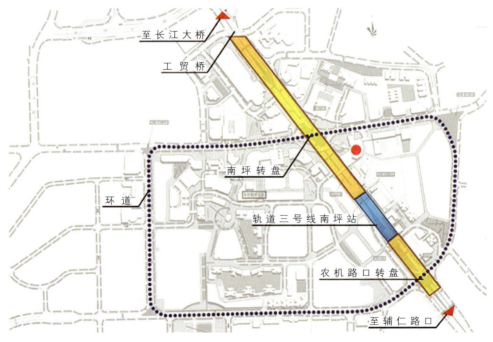

图 3.10 南坪交通枢纽区位图

以及四公里立交等工程的完工，中心区现状南坪北路、南坪转盘、南坪南路等道路交通系统难以满足交通发展需求。随着轨道 3 号线整体建设计划的落实及路线走向的确定，在该区域的汽车交通与轨道交通确定走同一个通道。这两者的改造及建设需同步进行，交通组织形式也特别复杂，对处于城市中心区的南坪来讲影响巨大。经过反复论证，最终确定该中心区主要交通组织形式和改造方案（见图 3.11）为：

①汽车交通：地下直行交通 + 地面大循环 + 地面两小循环。

②轨道交通：轻轨 3 号线为地下交通，并设置南坪岛式车站。

该工程的建设为南坪中心区的商业氛围及城市环境带来根本性改善，使得南坪中心区在城市形象方面上了一个新台阶，在交通治理上也有极大改善。

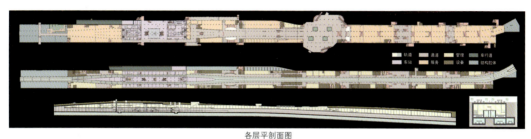

各层平剖面图

南坪中心交通枢纽市政工程是地面、地下车行交通，轨道交通，城市大型步道系统相结合的综合性工程，全长 1 060 m。

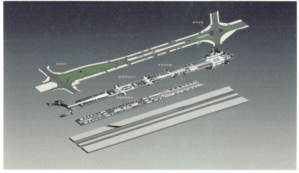

地下空间组合示意图

横剖面示意图

图 3.11　南坪交通枢纽示意图

3.2.2　建设条件

1）地形

现状环形道路除响水路一段最大纵坡为 7% 以外，其余路段的最大纵坡均在 5% 以内，条件相对较好，道路改造基本只进行拓宽及路口渠化等处理。南坪南北路（约 1.5 km，基本为一直线）是本次枢纽工程改造的重点，南北向道路中间高、两端低，纵坡线形条件相对较差。

图 3.12　南坪南路、北路两侧建筑

2）周边建筑

项目所处位置为城市中心区，道路两侧建筑林立密布（见图 3.12）。除了长途汽车站要搬迁、珊瑚村旧城要改造为大连万达商业中心区外，其余建筑基本维持现状，对道路改造的影响较大。周边商业建筑主要有百盛大楼、重百大楼、宏声大厦、电信大楼、公交车站大楼等。

3）轨道

轨道 3 号线从南坪南路、北路穿过。轨道 10 号线从南城大道农机路口下穿，并与轨道 3 号线形成南坪换乘站。

4）路网及交通现状

中心环形道路总长约 3.1 km（东西向长、南北向短），四车道，环岛内路网相对较发达，道路条件相对较好。南坪南北路主线标准为双向六车道，但南坪转盘服务水平低，下穿主线车行道总宽 12 m，单向匝道宽 7 m，转盘半径为 20 m，为东西、南北方向交通的转换中心，道路堵塞现状严重。

3.2.3　项目挑战及设计理念

南坪中心区区位优势明显，人流量、车流量均较大，完善的、立体的交通系统和人行系统是将来城市可持续发展的强有力支撑。由于中心区的交通枢纽特点尤为突出，因此该交通方案如何组织，已成为领导及社会各界高度关注的问题。

1）交通为先导

南坪中心区是组团式城市的副中心之一，负担着政治、金融、商务办公、文化娱乐以及旅游休闲等多种功能。伴随着新一轮旧城改造项目的启动，道路改造影响深远，完善的交通组织是地块功能实现的有力保障，也是对城市综合交通规划的落实。中心区建设应以交通为先导，强调南北向交通的大动脉作用，体现东西向交通的快捷联系，实现南北向与东西向交通的大转换，同时实现中心区域地块间的紧密联系。

2）公共交通为主要交通形式

由于中心区为重庆城市的南大门，对交通量的吸引力十分巨大，靠单一的交通模式难以解决问题，必须采用多种交通方式共同负担的模式，且应以公共交通为主。公交系统引入大运量的轨道系统（轻轨）及城市快速公共汽车系统，并与整个城市的公共交通系统形成网络，同时充分考虑出租、小型公交等公共交通方式作为补充，考虑各种交通方式之间的转换，合理进行公共交通枢纽的布局。

3）建立宜人的出行环境

建立交通组织明确、功能合理的道路系统，同时通过对道路周边建筑使用性质、环境条件等的认真分析，建立起适应环形交通及地下交通转换的完善的人行系统；实现人车分行，缓解交通压力，同时为市民提供安全、舒适的出行环境与购物环境。

4）人、交通、商业相结合

中心区的发展与交通密不可分，完善的交通系统是实现城市发展的有力保障；同时，交通影响城市发展、人流去向、商业氛围，是城市发展的基石（见图3.13）。所以，中心区应重点考虑如何形成三者完美结合且系统性强的设计思路。

图 3.13　南坪中心区商业步行街建成实景

5）规划、建设、管理相结合

通过规划，对交通出行方式作适当引导，基本策略是使公共交通出行分担率达到40%以上，小汽车交通出行控制在25%以下，引导步行交通出行达35%左右。结合城市交通设施的实施与良性循环，可以通过交通管制措施，适当限制小汽车交通，体现公共交通优化的交通发展策略。

3.2.4 创新设计与技术特点

1）中心区交通组织方案

根据中心区建设环境条件，从解决交通、引导城市发展的思路着手，对中心区交通组织方案进行设计考虑。

（1）道路交通组织方案

道路交通组织方案（见图3.14）为"直行交通＋大循环＋小循环"的形式。

①直行交通（工贸至旧车市场）：地下双向六车道下穿中心区，长约1.0 km。

②大环（3.1 km）：由南城大道、响水路、南坪东路、南坪西路、万寿路5条路组成，逆时针单向五车道。

③西小环（2.5 km）：由南城大道、南七路地面道路（农机路口到转盘左行）、南坪西路、万寿路组成，逆时针行驶。

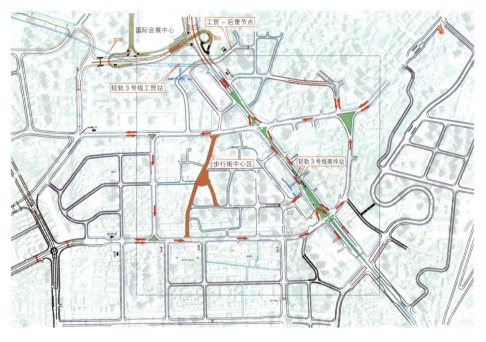

图3.14 南坪交通枢纽道路交通组织方案示意图

④东小环（1.5 km）：由响水路、南坪东路、南七路地面道路（转盘到农机路口左行）组成，逆时针行驶。

⑤重要匝道：地下主车行道（工贸往四公里方向）右侧分离出一条穿往地面的匝道，在农机路口与地面环道相平接，该匝道主要解决北到东的车流问题。同时，在匝道路段中设置右转通往珊瑚村的服务性道路，为进入该片区提供快捷通道，减轻环道交通压力。

（2）轨道交通组织方案

轨道交通组织方案为：地下线＋南坪地下岛式车站。

轻轨线路沿南坪南北路道路中心线布置，由南到北，与道路的关系依次为：道路中分带上高架，左右两线平行，两者在同一断面入洞。在轨道进入岛式车站入站分开段，此时轨道及岛式车站位于地下车行道顶板上；在轨道出站合并段，轨道布置于地下车行道顶板上。轨道合并后在 10 m 宽范围内布置，坡度与地下车行道坡度逐渐减小，轨道在工贸附近左转进入工贸大厦楼下的工贸车站。地下车行道继续地下往北，在会展中心广场前出地。

2）交通系统

城市交通系统设计应考虑城市建设需要，充分结合现状及远期发展规划，利用技术手段解决交通与用地开发之间的矛盾，并为远景发展预留有一定的弹性。

（1）协调内、外交通过境交通

过境交通位于南坪南北路上，道路等级为城市快速路，其南侧通往四公里，北侧与长江大桥南引道相接，通往五童路。主线下穿采用直线通过，成为进出南坪中心区的重要通道。环形道路上跨南北快速路，其平面右进右出的接口形式对便利的过境交通、快捷的车行通道起到至关重要的作用。车行地道（见图 3.15）两端入口高、中间低，地下为平缓的单一纵坡，过境线路条件优越。该路线纵坡的确定综合考虑了道路自身要求，更多地考虑了在地形较高处设置岛式轨道车站，同时还考虑了在中心区的建设条件影响下大开挖施工的特点，几者联系甚为紧密，为过境创造了优越的交通条件。

图 3.15 南坪车行地道实景

图 3.16 南坪交通枢纽地面交通平面图

中心区与周边地块的交通衔接（见图 3.16 南坪交通枢纽地面交通平面图）：环形道路向东交通有一条通往上新街方向的城市次干道（双向四车道）；往西有一条通往鹅公岩方向的南坪西路西段（双向四车道），一条通往五小区等的城市次干道（双向四车道）；往南有南湖路等多条城市次干道、城市支路；周边多个片区路网呈方格网状，交通系统发达，有条件与环道形成适应交通需要的多种交通组织方案，适应片区需要。

中心区环道内部交通：一大循环套两小循环的交通组织形式将中心区内分成东小环中心区与西小环中心区。东小环长约 1.5 km，中心区面积相对较小，路网分散布置，满足交通需要；西小环长约 2.5 km，中心区现状南北向有一步行街，两侧商业发达。随着旧城改造启动，该片区规划路网发达，与环道接口位置合理，部分步行街考虑人车混行，并对部分车辆进行交通管制，路网布局满足该重点商业中心的发展需要。

（2）均衡点、面交通

这里是指应重点考虑环道、南坪南北路与中心区路网交通需求的协调性。中心区作为城市副中心，交通转换等功能需求大，因此设计主要从以下几点综合考虑其可达性与便捷性：

①南北向过境交通采取地下直行通道，避开大量过境车流对中心区交通的影响。

②通过一大循环套两小循环的交通组织，以及环道南北两端利用有利条件设置调头车道等方式，为东西南北四个方向进出中心区提供便捷途径，使单向循环线长度合理，车辆绕行距离短。

③该交通方案右转交通顺畅，同时在解决左转交通上也进行了充分考虑：南侧往

西（四公里往南城大道方向）通过海峡路（或辅仁路口）提前进行转换或通过环道转换；西侧往北（南城大道往长江大桥方向）通过东南侧路网形成环形右转道路，直接与地下快速干道联系转换或通过环道转换；北侧往东（长江大桥往海棠溪方向）为避免绕行单向西小环，采取先进入地下快速干道、然后靠右设一通往地面接环道南段的专用道路汇入东小环来实现左转功能，使车辆绕行距离缩短；东侧往南（海棠溪往南城大道、四公里方向）通过大循环转换或提前在辅仁路转换。

④由于珊瑚村片区改造后中心建筑面积大，吸引车流作用明显，因此北侧至珊瑚村主要车流绕行环道距离大，环道交通压力增大。为更好地组织交通，设计利用从北往东的左转匝道，在其中部分离一条右转匝道接入珊瑚村片区，实现交通需求。

（3）优先公共交通

中心区的交通主要依靠公交系统（主要包括公交汽车、轻轨两大类），以出租车作为补充。同时，区内公交系统应与城市公交体系衔接，才能发挥其应有的作用。

①公交汽车：在环道不同位置设置港湾式公交停车港。大循环共设置停车港5处，小循环地面中间段设置公交停车港，在环道5个重要进出口附近均设置公交停车港。

②轻轨：南北向轨道3号线在中心区设置有南坪岛式地下车站1座，往北设置有工贸岛式地下车站1座。

③出租车：大循环道上结合公交及周边发展情况，设置专用出租车站；小循环地面中间段设置专用出租车站。

三者关系方面：大环道上公交汽车、出租车的设置根据周边地块需求等确定，南坪南北路上（小循环地面中间段）公交、出租、地下轨道车站三者基本在一起，通过负一层地下商场及过街通道实现顺畅联系，实现东西向人流向北、向南的便捷转换。地下负一层南至响水路口，北至工贸，呈南北向条状分布，作为与周边重要建筑及接口的联系，且其为地下贯通的人流通道，有效地实现了人行及交通转化，体现了交通枢纽的特点。

（4）充分考虑静态交通

中心区静态交通重点考虑周边影响范围内停车设施的设置，东、西两小环内设置满足规划建筑容量的停车位，进出环道采用右进右出的方式，并考虑渠化处理，以保证道路通行能力。外围建筑也需要尽可能地考虑停车设施的配置。

（5）交通方案的可实施性

该交通方案充分考虑了周边各控制条件及交通系统的衔接等因素，并进行了现场摸底，工程实施性强。

3）与周边环境融合

本工程为城市中心区改造项目，其能否与周围建筑和环境协调（见图3.17和图3.18），是项目能否成功的关键。

本项目设计的主要特点是：环道交通顺畅，充分利用现有路网，与周边地块联系紧密，方便出行；地块与地块的联系间距小，绕行距离合理；充分考虑了周边各控制

图 3.17 南坪交通枢纽改造后南坪南路实景

条件、交通系统的衔接等因素，并进行了现场摸底，工程实施性强。

该工程有别于重庆市观音桥、沙坪坝、杨家坪三个环道，主要体现在对环道中心原南北向地面道路交通进行了保留，车行道实行左行，有效地形成一个大循环内套有两个小循环的交通组织形式。轨道 3 号线地下南坪站与地面车行交通实现了无缝换乘。

3.2.5 经验与借鉴

城市中心区的旧城交通改造系统性强，影响控制因素多，如何实现道路交通、轨道交通的功能，如何将两者在片区系统工程中进行合理衔接并实现交通枢纽的地位，是值得深入思考的问题。同时，道路影响范围内各相关细节的处理也是值得特别重视的地方。

另一方面，每个大型市政项目的展开，都是一次城市更新难得的契机。

图 3.18 南坪交通枢纽改造后南坪广场实景

①本项目资源集约，轨道下地与快速路下穿，解决了过去规划中商业街区围绕路口设立的问题。方案实现了车行隧道与轨道的地下交叉穿行，实现了枢纽人性化设计，争取到各方的最大共识，这是项目成功的关键。

②地下人行系统与地铁车站有机结合，利用施工明挖提供的空间来设置人行系统和商铺，实现了城市地下空间的综合利用，取得了较大的经济效益，这是项目值得特别推荐的地方。

3.3　快速路三纵线（柏树堡立交—五台山立交）

3.3.1　项目背景与概况

三纵线是重庆市快速路网"六横、七纵、一环、七联络"中的重要组成部分，起于北碚，止于鱼洞，线路由北向南经北碚区、渝北区、江北区、渝中区、高新区、九龙坡区、大渡口区和巴南区，是重庆市主城区内一条重要的南北向快速通道。目前，三纵线松石大道以北和五台山立交以南均已形成，在路网中发挥着重要作用。但由于本项目（柏树堡立交—五台山立交，长 7.8 km）没有连通，其交通只能通过渝澳大桥、嘉华大桥和石门大桥等通道来转换，所以增加了这几座桥梁及观音桥环道、两路口环道等区域的交通压力。本项目的建设除贯通三纵线外，还将东西向的牛滴路、嘉陵路、高九路、渝州路、石杨路等连为一体，且连接轨道交通 5 号线，有利于打造城市立体交通网络。项目的建设不但可以缓解过江桥梁及观音桥环道、两路口环道等区域的交通压力，共轴合建红岩村嘉陵江路轨两用桥，解决 5 号线过江交通问题，还将两江新区和嘉陵江以南各区连成一体，有利于发挥同城效应。

项目（见图 3.19）北起柏树堡立交，向南经红岩村嘉陵江大桥、石桥镇、庹家坳，终点接五台山立交。线路全长 7.8 km，规划为双向六车道，规划路幅宽 54 m，设计车速为 80 km/h。其中，包括红岩村嘉陵江路轨两用桥 1 座（主桥长 725 m），柏树堡立交、大石坝地区接线、红岩村立交、石桥铺地区接线和五台山立交二期共 5 座立交，以及红石路隧道（长约 490 m）和红岩村隧道（长 3 745 m）。

3.3.2　项目建设条件

1）桥位

桥位区嘉陵江河道通航标准为国家Ⅲ级航道，航道通航净高标准为 10 m，单向通航净宽为 55 m，双向为 110 m。由于桥位处水流流向与桥轴线法向夹角大于 5°，相对横向流速最大值超过 0.8 m/s，根据《内河通航标准》规定，采用一孔跨过通航水域的

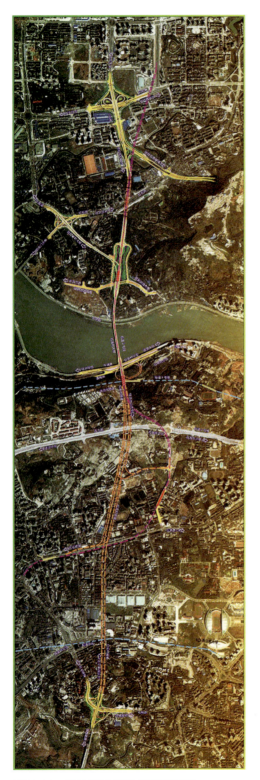

图 3.19　快速路三纵线平面示意图

桥型方案。

2）重要建（构）筑物

本项目在红岩革命纪念馆西侧通过。红岩革命纪念馆是全国重点文物保护单位，位于重庆市嘉陵江右岸的红岩村 52 号。红岩村隧道上方线路附近居住建筑物众多，主要建（构）筑物包括：后勤工程学院及其北侧高层小区建筑（33 层）、渝州路彩电中心、索菲特大酒店、南方君临酒店（21层）、重庆气象局及气象站、陈家坪变电所及 220 kV 高压铁塔。

3）管线

中石油天然气过江隧道横穿嘉陵江。该天然气管道直径为 426 mm，其嘉陵江南岸出口位于三纵线里程 K3+695 处，出洞以浅埋的形式从地表附近前行。三纵线里程 K3+610~K3+755 段均受该天然气管道影响。

4）轨道及铁路

拟建轨道交通 5 号线在三纵线里程 K3+580 ~ K4+020 段与其重合，以隧道的形式下穿。其轨道面标高为 239.38 ~ 243.82 m，洞顶标高为 245.38 ~ 249.82 m。三纵线路面设计标高为 250.19 ~ 260.05 m，两者相距 10.8 ~ 16.2m。

拟建轨道交通 9 号线红岩隧道在三纵线里程 K3+680 ~ K3+700 段下穿。该段为红岩村大桥车站，与三纵线正交，其轨道面标高为 210.00 m，洞顶标高约 230.00 m。其上部为 5 号线红岩隧道，隧道底标高约 240.28 m。9 号线红岩隧道与 5 号线红岩隧道相距约 10 m。三纵线路面设计标高为 252.0 ~ 252.2 m，两者相距约 22 m。

老成渝铁路隧道在进洞口附近下穿三纵线红岩村隧道，与其正交。成渝铁路隧道底标高为 228.00 m，顶标高为 235.50 m，高约 7.5 m。红岩村隧道底标高为 253.69 m，两者相距约 18.1 m。

拟建成都至重庆客运专线隧道在三纵线红岩村隧道里程 K3+800 ~ K3+820 段以隧道的形式下穿，与三纵线正交。其轨道面标高为 226.70 m，洞顶标高为 235.00 m，三纵线红岩村隧道路面设计标高为 255.0 m，两者相距约 20.0 m。

3.3.3　项目挑战

1）对总体路线的布置要求高

由于项目位于城市建设密集区，项目区域内控制条件多且复杂，总体线路走向的选择将影响整个项目的经济性和安全性。线路区域内现状高层建筑等密布，加上轨道、铁路、地下管线等错综复杂，总体选线难度极大。

2）对桥梁、隧道总体设计的要求高

项目主体工程为嘉陵江路轨两用特大桥和红岩村隧道。桥梁孔跨大，路轨两用结构复杂；隧道长 3 745 m，是目前重庆市政道路项目中最长的隧道之一；需集成通风系统、消防系统、监控系统、通信系统、照明系统；隧道段与现状或规划的轨道线路、铁路等多次交叉，并下穿高层建筑物桩基等，结构之间间距小，因此对桥梁、隧道总体设计的要求极高。

3）对保障城市快速路网交通运行安全及发挥交通功能作用提出的要求高

本项目为重庆市快速路网的重要工程，是三纵线中的一段，纵贯重庆市主城。在设计中，要充分考虑交通构成的特点，对运行速度进行检验，以改善线形条件。同时，需要克服现状九龙坡区与三纵线的巨大落差，考虑与该片区地面道路的交通联系，以充分发挥三纵线的交通集散作用。

3.3.4　新设计与技术特点

1）总体设计

本项目在总体设计上坚持"安全性""服务社会""尊重地区特性""整体协调性""自然性"原则。由于项目为快速路，不受山河阻隔，所以平面设计力求顺直，保证路线较高的线形标准，并尽量减少桥隧工程，以缩短道路长度，减少运行时间。在红岩村嘉陵江大桥的平面设计时，主要考虑与轨道交通 5 号线的结合，按路轨同线设计。在红岩村隧道的平面设计时，主要考虑线形顺畅，以利于隧道通风；另外，尽量避开隧道顶部的高层建筑和军事油库，并在进出口设置大半径曲线。

路线平面设计根据地质情况及穿越线位上方既有城市建筑物、隧道断面、轨道 5 号线和红岩村站位的设计资料，又结合以往遂渝高速大学城隧道、"三横线"双碑隧道、"一横线"歇马隧道等城市长大隧道项目的经验，确定安全、经济、合理的隧道左右线间距为 30 m。隧道洞门选择遵循"早进晚出""穿硬避软""穿梁避沟""穿正避斜"的原则。

本次在选择隧道进口位置时，结合轨道交通 5 号线红岩村车站，确定了合理的隧道进口位置；在出口段结合五台山立交布置，采用晚出洞的方式，避免了大面积开挖，避免了拆迁房屋及 1 处 220 kV 高压铁塔。

路线竖向设计上，结合嘉陵江的通航高程，以及轨道交通 5 号线、9 号线、1 号线、轨道环线、成渝客专铁路、梨菜铁路等控制高程，尽量进行优化，以保证隧道顶端建筑物的安全，同时兼顾纵向线形的流畅圆滑，以期为驾乘者提供一个舒适的交通环境。

2）立交工程

结合控规路网和交通体系进行分析，三纵线贯穿渝北区、江北区、沙坪坝区、渝中区、高新区和九龙坡区，分别与松石大道（快速路三横线）、嘉华大桥北引道、红石路、建新西路、江北滨江路、牛滴路、嘉陵路、高九路（快速路四联络）、渝州路、谢陈路（快速路四横线）、石杨路等 11 条快速路及主、次干道路相交。由于三纵线本身隧道段较长，与之相交的道路高差较大，而规划上只有柏树堡立交、大石坝立交、建新西路立交、五台山立交与之相接，所以其对城市路网的服务功能相对较差，特别是与嘉陵江以南地区道路网缺少连接节点。由于红岩村隧道长 3.745 km，中间没有任何出入口，极大地束缚了三纵线交通功能的发挥，因此，项目通过研究，在已有规划立交节点的基础上，结合工程的实际情况以及对路网的分析（特别是规划新增道路的分析），同时结合周边地块开发情况和车辆出行习惯，设计新增红岩村立交（联系嘉滨路、嘉陵路）和石桥铺地区接线（联系高九路、渝州路）两个节点，以期能更好地发挥三纵线交通功能。

（1）柏树堡立交

柏树堡立交（见图 3.20）是三纵线与松石路相交形成的蝶式立交和联系嘉华大桥北延伸段 T 形立交的数条定向匝道形成的组合立交。其设计结合了交通流量及路网分析，优化了立交结构，减少了立交层数，提高了匝道线形标准。

（2）大石坝立交

大石坝立交（见图 3.21）是盘溪路与红石路相交形成的组合式立交，是在现状喇叭形立交的基础上进行适当改造优化而成的。该立交占地少，交通功能强，工程经济性好。

（3）建新西路立交

建新西路立交（见图 3.22）是快速路"三纵线"和建新西路相交而成的节点，由于三纵线与相交道路高差较大（与北滨路高差约 50 m，与建新西路高差约 15 m），北滨路沿线分布有大量住宅小区，交通结构以服务性交通为主，因此不适宜采用高标准、占地太大的立交形式。最终，立交选型采用变异菱形立交形式，结合大桥方案，分别在北桥头主线两侧设置辅道，转向交通全部由辅道解决，以保证主线运营的高效。大桥来往大石坝方向的匝道接入辅道，大桥下层匝道绕开轨道车站后接入辅道，辅道利用桥下空间在南北两端各设置"U"形转回头匝道，使立交各方向均能互通。

（4）红岩村立交

红岩村立交（见图 3.23）是三纵线与嘉陵路的交叉节点。滴水岩地带地形狭窄，

图 3.20　柏树堡立交鸟瞰图

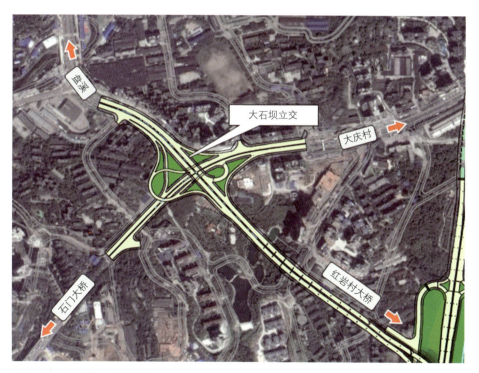

图 3.21　大石坝立交平面图

图 例
- 三纵线主线
- 两侧辅道
- 盘溪方向匝道
- 下层车行匝道
- 建新西路连接匝道

往北环

往盘溪

可研方案立交范围线

建新西路

往红岩村

图 3.22　建新西路立交平面图

嘉陵路紧邻山崖，三纵线在此与嘉陵路高差约 46 m，同时还受到红岩革命纪念馆和轨道交通线的限制，这些均制约了立交匝道的布设。因此，该节点考虑解决主要、次主要流向的交通联系，次要流向通过绕行或利用周边路网组织来解决。结合红岩村嘉陵江大桥横断面布置方案，下层桥面轨道层两侧可提供车行系统。采用下层车行道作为匝道的接线点，从而减小接线高差 10 m，缩短匝道展线长度，减小立交用地以及地下立交规模。

（5）石桥铺接线

根据交通需求预测并结合路网结构分析，石桥铺接线（见图 3.24）考虑解决来往江北方向的主要交通联系，来往九龙坡的次要交通流可通过绕行西侧杨石路和东侧袁茄路实现。立交通过在红岩村主线隧道两侧布设匝道支洞，升坡至金银湾路，与宝香居路口平交。

（6）五台山立交

五台山立交为三纵线与石杨路相交形成的立交节点。至项目设计时，该立交已部分建成，因此项目设计在不影响一期工程的基础上，结合红岩村隧道出口，在规划用地的范围内重点考虑建筑物、电力线的拆迁以及边坡开挖对生态的影响，在保证交通安全的基础上对二期建设匝道进行优化，最终形成了变异涡轮的立交形式（见图 3.25）。该方案功能完善，各方向均能互通，主流连续性好，交通识别性好，匝道在东南象限集中布置，其余匝道紧贴主线，沿路侧控制绿地布置，地形结合好。

3）桥梁工程

红岩村嘉陵江大桥位于重庆主城核心区，是重庆快速路三纵线及轨道交通 5 号线跨越嘉陵江的重要节点工程，是重庆主城最重要的过江通道之一，对重庆的城市发展具有举足轻重的作用。因此，大桥的功能定位必须与工程接线情况相协调一致：首先要满足江北与九龙坡区、大渡口区之间的快速路连接需求；其次必须满足轨道过江的需要；同时还要为北滨路和沙滨路提供连接通道。基于以上功能的要求，大桥的方案

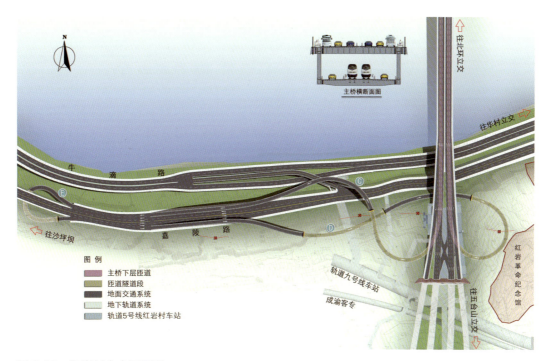

图 3.23　红岩村立交平面图

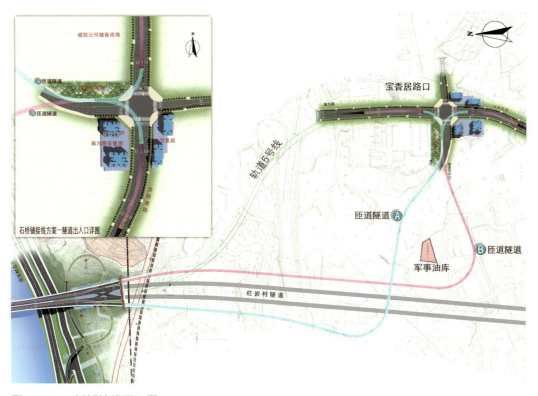

图 3.24　石桥铺接线平面图

图 3.25　五台山立交平面图

在快速路与轨道交通组织合理的基础上，尽可能地考虑了城市道路交通和行人组织与两岸地面交通的合理衔接，充分体现了科学、系统、以人为本的设计思路。此外，大桥在选型设计中充分考虑其所处位置的文化环境，最终选择了技术成熟、结构合理、与周边环境协调的双层高低塔斜拉桥方案（见图 3.26 和图 3.27）。

4）隧道工程

（1）系统性及安全性

为提高本项目在系统运输上的可靠性和效率，降低运营期间的事故发生率，项目在设计时从特长隧道的防灾救援角度出发，充分结合其实际特点，综合考虑后在工程造价增加不多的情况下，设置了四车道特大跨度紧急停车带及车行、人行、竖井等逃生通道，以提高本项目的服务功能，为防灾救援提供可靠保障。

（2）功能性

特长隧道内是一个封闭独立的空间，空间局限性较大，感光度较差，司乘人员长时间处于单调、疲倦的状态。因此，为缓解和弱化行车的单调性，采取布置油画的形式装饰隧道边墙（见图 3.28）。

图 3.26　红岩村嘉陵江大桥鸟瞰图

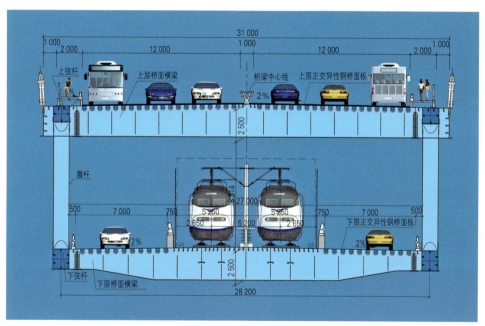

图 3.27　红岩村嘉陵江大桥横断面图（单位：mm）

（3）项目施工过程中对既有建（构）筑物的关系处理

三纵线为重庆市区南北向交通的大动脉，分别穿行于九龙坡及渝中区两大区域中心地段，沿线建（构）筑物密布，隧顶房屋、管线、道路密集，隧道穿越密集建筑群在所难免。为确保地面不发生过量沉降、过量建筑物差异沉降和塌方，保证建筑物、道路及地下管线等的安全，在线路布设时尽最大可能地考虑预留了安全空间（见图 3.29）。

图 3.28　红岩村隧道内部透视图

图 3.29　红岩村立交道路、轨道、铁路关系图

第4章 城市的扩张

4.1 快速路一横线（三溪口立交—张家梁立交）

4.1.1 项目背景与概况

快速路一横线是重庆主城区快速路网"六横、七纵、一环、七联络"中的重要组成部分。本项目为快速路一横线核心的部分（见图4.1），西起渝合高速的三溪口立交（新建），下穿蔡家岗镇场镇南侧，形成蔡家岗隧道，在斗塘沱跨越嘉陵江，在悦来南侧上跨会展大道形成悦来立交，向东下穿金山大道形成赵家溪立交，上跨金开大道形成翠云立交，穿白鹤咀隧道后跨越云松路形成陡溪立交，跨童家沟、下穿西南政法大学，上跨机场路形成回兴立交（现宝圣立交），然后从川外南方翻译学院南侧通过，经石盘河、跨服装城大道形成青岗坪石坝子组合立交，穿越环山形成环山隧道，终点段下穿渝邻高速林家湾大桥并形成张家梁全互通立交（见图4.2）。道路全长20.68 km，道路等级为城市快速路，设计车速为80 km/h，双向六车道，标准路幅宽度为44～54 m。项目主要包含悦来嘉陵江大桥1座、其他高架桥8座、互通式立交9座、隧道4座，其中悦来嘉陵江大桥为特大桥，主跨为250 m，全桥长774 m。

4.1.2 项目建设条件

1）地形

快速路一横线西段位于蔡家组团，地形总体呈中部高、沿江地带低的特征。蔡家镇周边地形较平坦，沿江地段地势陡峭。

快速路一横线东段位于渝北区鸳鸯、回兴片区，场地属丘陵地貌，沿线地形起伏较大，多为丘陵地形。原始地貌为丘陵与沟槽相间排列，丘陵间冲沟较为发育，局部为丘间坦坝，地形严格受地质构造

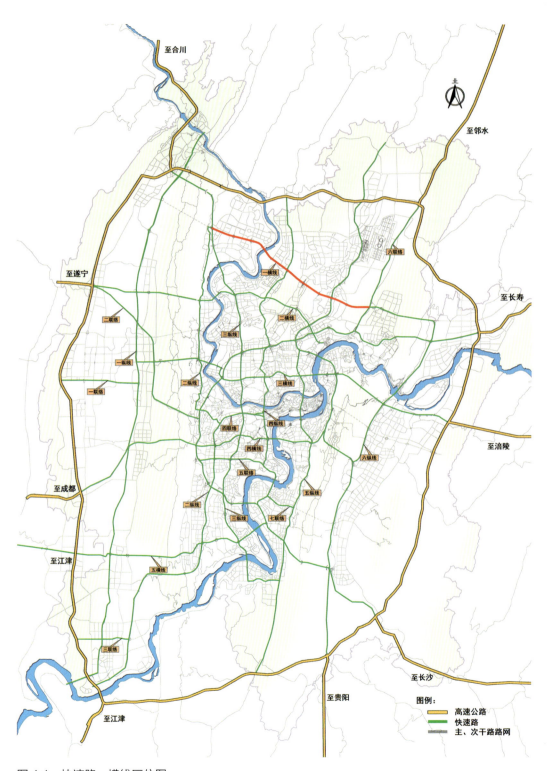

图4.1　快速路一横线区位图

图 4.2　快速路一横线航测图

控制，山脉走向与构造线一致，呈北—北东平行岭谷区，顺向坡较缓、反向坡较陡，一般切割深度为 50~80 m。

2）重要构筑物

本项目沿线的重要建（构）筑物在蔡家有老场镇及百年清代举人院建筑和古树，在渝北回兴片区有多栋西南政法大学教学楼。

3）管线

在翠云片区，有 3 根中石油天然气干管（D710，南北向）从白鹤咀隧道顶部通过，金开大道已敷设 D1200 自来水干管。

4）轨道

拟建轨道交通 3 号线（现已运行）沿金开大道中央分隔带高架通过，规划轨道 6 号线（现已运行）在蔡家从地下横穿快速路一横线。

5）桥位

桥位区嘉陵江河道通航标准为国家Ⅲ级航道，航道通航净高标准为 10 m，单向通航净宽为 55 m，双向为 110 m，桥位处河道顺直。

4.1.3　项目挑战

①对桥梁结构的景观创新性要求高。

②城市新区快速路人行系统如何设置？高端小区市民的人行和健康出行需求如何满足？历史文化（老院子及文物）和古树如何保护？

③新区交通如何预测分析？如何实现立交的依势而建，并同时满足设计标准、经济性和功能要求？

④各隧道的地形地貌各不相同，地质条件都非常复杂，控制因素多。宝圣隧道明挖基坑边坡高达 28 m，土层最大厚度为 18.0 m，边坡顶离建筑物仅 2.0 m，边坡变形控制要求高。白鹤咀隧道顶部有 3 根天然气主管道，变形控制要求严格。蔡家岗隧道为浅埋隧道，顶部有小型水库，拱顶易塌方和涌水，应对措施要求高，设计难度大。

4.1.4 设计创新与技术特点

1）道路工程

项目运用绿色交通的设计理念，在道路选线阶段，结合地形地貌、道路沿线的土地规划进行了多方案的比选，科学、合理地确定大型桥梁、隧道等控制性工程的线位，使得路线与地形结合良好，减少了大填大挖对环境的不利影响，降低了工程投资。通过合理选择道路标准，使道路最大纵坡控制在 4% 以内，并在纵断面设计中力求平顺，以减少运营中汽车的碳排放量。

运用道路生态景观一体化的设计理念，在绿化带、中分带以及立交范围内的场地中种植银杏、香樟、桂花等高大乔木和草皮，使道路的绿化率达到 35% 以上，打造出立体绿化，形成亮丽的城市风景线，提升了城市形象（见图 4.3 和图 4.4）。

图 4.3 快速路一横线蔡家段实景图　　图 4.4 从蔡家远眺三溪口一横线实景图

本项目全长 20.68 km，共设置平曲线 7 处，其中最大平曲线半径为 4 000 m，最小平曲线半径为 1 000 m，道路曲线总长占道路全长的 48%。全线共设置纵坡 12 处，最大纵坡为 4.0%，最小纵坡为 0.5%；最大坡长为 2 150 m，最小坡长为 880 m。道路平面线形优美，平纵组合得当，透视效果良好，行车安全舒适。

此外，在线路设计中注重对历史文物、古树的保护。在北碚蔡家附近，为避开有近百年历史的清代举人院建筑（见图 4.5）及周边 10 棵大香樟和黄桷树，专门进行了平面线形优化设计。

图 4.5　举人院建筑及古树

2）立交工程

设计过程中通过采用宏观交通预测模型（EMME3）软件和中观交通分析模型
（Paramics）软件对规划区进行交通建模分析，对立交节点进行交通量预测，为立交
选型和方案比选提供了科学和有效的技术支持。

设计根据相交道路的等级、交通流量预测资料、地形地貌、控制条件和工程地质
情况，合理选择立交的规模和立交的形式，在满足交通功能的前提下，尽量结合地形
合理布置立交匝道，以减小立交规模和占地，节约工程造价。

本工程全线共设三溪口、蔡家岗、悦来、赵家溪、翠云、陡溪、回兴、青岗坪、
张家梁 9 座立交。

（1）三溪口立交

三溪口立交为快速路一横线与渝合高速公路之间的立交，设计为半苜蓿叶 + 半定
向匝道形式的蝶形枢纽立交（见图 4.6），其交通功能强大，目前有两匝道未建。

图 4.6　三溪口立交实景（有两条匝道未建）

（2）蔡家岗立交

蔡家岗立交位于蔡家组团的中心，设计为一个标准的苜蓿叶立交，景观效果好（见图4.7）。

（3）悦来立交

悦来立交为快速路一横线与国博中心悦来大道相交形成的立交，为国博中心南侧门户，设计为一座形式简洁、占地少、投资省的双层单点菱形立交（见图4.8）。

图4.7　蔡家岗立交实景

图4.8　悦来立交实景

（4）赵家溪立交

赵家溪立交为快速路一横线和四纵线间的立交，定位为枢纽立交，结合地形和交通流量设计为一个"8"字形两层立交，其交通功能强，投资少，景观效果好（见图4.9）。

（5）翠云立交

翠云立交为快速路一横线与金开大道之间相交形成的立交，为半苜蓿叶＋半定向匝道形式的蝶形枢纽立交（见图4.10）。

图 4.9 赵家溪立交实景

图 4.10 翠云立交实景

图 4.11　陡溪立交效果图

（6）陡溪立交

陡溪立交为快速路一横线与城市次干道之间形成的立交。由于预测的交通流量相对不大，设计为一座简易的"8"字形立交（见图 4.11），其占地小、投资少。

（7）回兴立交（现宝圣立交）

回兴立交为快速路一横线与机场路之间形成的立交，由于第四象限现状建筑密集，拆迁困难，用地受到限制，设计采用部分苜蓿叶＋定向匝道的立交形式（见图 4.12），解决了用地难的问题。

图 4.12　宝圣立交实景

（8）青岗坪石坝子组合立交

一横线在环山西侧，与服装城大道及机场专用快速路分别相交，形成青冈坪石坝子组合立交。其中，青冈坪立交主要解决服装城、农业园区上下一横线的问题，同时也是寸滩港区与土主货运编组站的主要货运转换枢纽；石坝子立交是快速路一横线与机场专用快速交通转换的唯一节点，是未来蔡家、悦来、回兴片区的交通北入空港、南下南岸和巴南最便捷的通道。从路网布局及交通功能来看，两座立交均是十分重要的。

受两条主线的线位控制，两座立交中心间距仅为 884 m。为满足规范要求、提高道路运行的易识别性及安全性，设计将两座立交通过辅道连接，形成"T"形 + 带左转单点菱形的组合式立交（见图 4.13）。

（9）张家梁立交

张家梁立交处于环山隧道东洞口，西侧为环山山体，东侧为赖家溪，北侧为四档 220 kV 高压铁塔，地势起伏大，地形条件复杂。一横线下穿渝邻高速林家湾大桥，两者高差为 15 m，立交控制因素较多，情况比较复杂。结合现状地形及渝邻高速现状桥梁情况，设计采用"Y"形加变异喇叭形立交（见图 4.14）。

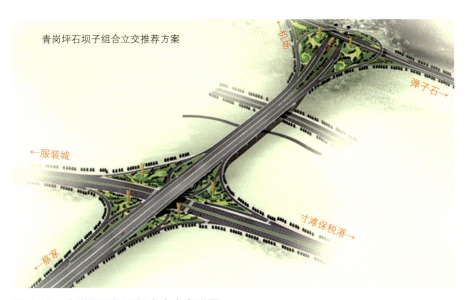

图 4.13　青岗坪石坝子组合立交鸟瞰图

图 4.14　张家梁立交鸟瞰图

3）桥梁工程

嘉悦大桥矮塔斜拉跨度为 250 m（当时为世界第一），且创新性地采用大跨度索辅梁桥结构体系，成为新的世界纪录。嘉悦大桥桥型优美独特，与周边环境协调一致，已成为重庆的标志性桥梁建筑（见图 4.15 和图 4.16）。

嘉悦大桥桥址处风景秀丽、环境优美，其东、西两岸是重庆市今后重点打造的滨江景观带，在此建桥对景观的要求非常高。同时，为了满足桥下通航净宽要求，大桥主跨不得小于 250 m。针对实际情况，设计时创新性地提出了大跨度索辅梁桥的设计理念。该桥型综合了普通梁桥和普通斜拉桥的结构优点，通过梁和索共同承担荷载，充分发挥主梁自身的承载能力，有效减小了主梁高度，从而解决了混凝土梁桥自重荷载大的难题。大桥采用"Y"形桥塔，上塔柱向外倾斜，增强了塔身和拉索在空间上的层次感，拓宽了车上乘客的视野。桥型犹如张开的双手，迎接到来的宾客，优美而独特。

图 4.15　嘉悦大桥实景

图 4.16　远眺嘉悦大桥实景

　　而嘉悦大桥"人车分离"的设计构思，更是拓展了城市桥梁设计的思路。嘉悦大桥要求按照双向六车道另加两侧各 3.5 m 人行道进行设计，桥面总宽将达到 35 m。而对于 250 m 主跨的索辅梁桥，结构受力所需要的主梁高度较大，结构箱梁翼缘下侧具有足够的空间位置，因此设计采用人车分流的双层交通组织设计——将人行道布置在桥面箱梁翼缘下层（见图 4.17）。这不仅提高了行人的行走安全性，更避免了行人对桥面车辆可能造成的干扰，提高了桥面交通通行能力，充分体现了"以人为本"的设计理念（见图 4.18）。

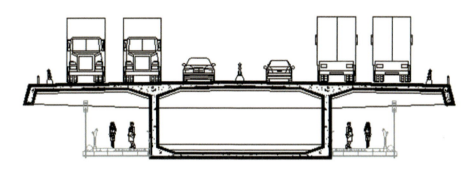

图 4.17　嘉悦大桥下层人行道布置图

图 4.18　嘉悦大桥下层人行道实景

　　4）隧道工程

　　项目全线共有 4 座隧道，分别为长 460 m 的蔡家岗隧道、长 410 m 的宝圣隧道、长 1 240 m 的白鹤咀隧道和长 1 540 m 的环山隧道。隧道均为双洞，单洞设 3～4 车道，最大开挖跨度达 19.8 m，其中宝圣隧道、白鹤咀隧道分别是当时国内最大跨度的明、暗挖公路隧道。由于城市隧道对洞口、洞内的景观装饰要求高，设计特意结合周边地形特点，采用不同的洞门形式及景观绿化，做到了与自然的和谐统一（见图 4.19和图 4.20）。

图 4.19　蔡家岗隧道洞口实景图

图 4.20　宝圣隧道洞口实景图

4.1.5　经验与借鉴

本项目北部新区金开园段从 2003 年 7 月开始设计，至 2015 年项目全线建成，历经十余年，项目建成通车以来运行良好。由于项目处于不同辖区，建设单位不同，各段设计时间和建设时序相差大，因此，如何体现和实施统一的技术标准是本项目成功的关键。总结本项目的经验，以后在类似项目设计中需注意以下几点：

①在进行快速路分段设计时，应对整条快速路进行总体设计，统一技术标准，统一立交匝道出口形式，注重车道连续和平衡。

②立交形式宜简洁，立交类型宜少，不宜选择苜蓿叶立交。

③注重过街人行设施的设置，间距宜采用 300～500 m。

4.2　快速路二横线（渝遂高速—礼白立交）

4.2.1　项目背景与概况

快速路二横线（见图 4.21）是重庆主城快速路网的重要组成部分，它西起绕城高速渝西立交，经土主中梁山隧道、礼嘉嘉陵江大桥、金渝大道、渝宜高速，东至绕城高速渝宜立交，线路全长 52.1 km。除本项目（渝遂高速—礼白立交段）11.5 km 未建外，其余 40.597 km 均在建或已建成通车。本项目的建成将实现二横线的全线贯通，从而进一步完善主城快速路网结构，有效保障物流园、综合保税区与寸滩港穿山过江的需求。此外，项目的建设也将辐射带动渝西地区发展，对周边区域（如西部现代物流园区、同兴工业园区等）起到串联及引导区域近期发展的重要作用。

图 4.21　快速路二横线区位图

本项目为城市快速路，全线采用双向八车道（土主隧道采用近远期结合的方式建设，近期实施双向六车道，远期根据交通量的发展再适时启动外侧 2 座单洞建设），设计速度为 80 km/h。项目总长 11.512 km（见图 4.22），全线设特长隧道 1 座（土主隧道长 4.0 km），跨江大桥 1 座（礼嘉嘉陵江大桥，全桥长 1.18 km，主桥主跨跨径为 245 m），互通式立交 2 座（童家溪立交、礼白立交）、井口接线 1 处。

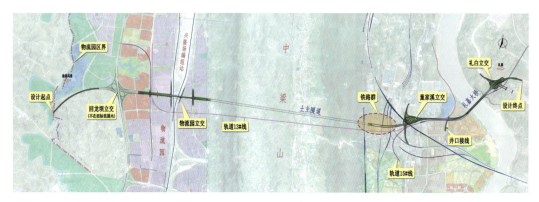

图 4.22 快速路二横线平面示意图

4.2.2 项目建设条件

1）地形

项目所经区域地形较为复杂，海拔高程一般在 210 ~ 650 m，最大相对高差约 440m。隧道穿越山体的中梁山是以观音峡背斜轴部隆起为主体的"背斜脊状山"，地貌形态受地质构造和岩性控制，呈"一山两槽三岭"形态（见图 4.23）。

2）桥位

礼嘉大桥桥区河段呈壮年期河谷地貌，河谷形态呈不对称的"U"形河流，河谷宽 300~500 m，水域宽阔。拟建桥址位于"S"形弯道的顺直过渡段，水流与桥轴线法向夹角较小。经通航论证分析，桥区河段航道等级为Ⅲ级，设计通航净空高度为 10 m，单孔双向通航净宽 160 m。

图 4.23 快速路二横线地貌形态

3）已发红线及建筑物

土主隧道西侧物流园的既有建筑主要是永辉超市物流基地；土主隧道东侧园区的主要建筑有在建铁路还迁房、公租房嘉康小区及园区厂房等（见图 4.24）。

用地红线方面，中梁山土主隧道西侧物流园区的主要发件红线有回龙坝立交西北侧变电站红线，以及道路南侧两块商业用地红线、北侧永辉超市物流基地红线。中梁山土主隧道东侧的主要发件红线有华立集团、瑞安长庆、重庆鑫灿机械有限公司、钱龙医药包装厂及其他已批复的用地红线。

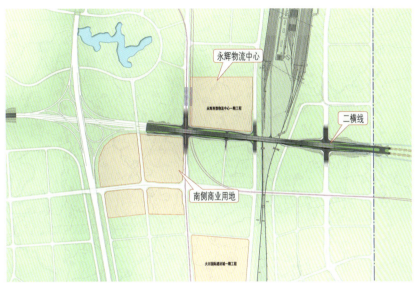

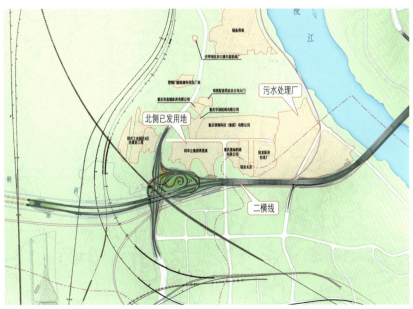

图 4.24　快速路二横线沿线已发红线示意图

图 4.25　快速路二横线与轨道关系图

4）轨道及铁路

轨道方面，项目沿线规划有轨道 7 号线、13 号线和 15 号线（见图 4.25），为远景线路。7 号、13 号线在二横线北侧设换乘站，13 号线与 15 号线在井口设置同台换乘站，要求跨线运营，15 号线在礼嘉大桥东桥头设站。项目路线与轨道交通有 4 处交叉，走廊段长共 3.2 km。

铁路方面，土主隧道西侧跨越的现状铁路有兴胡上行线、兴珞下行线、兴胡下行线（见图 4.26）。中梁山土主隧道东侧穿越的现状铁路有童西线、K141 联络线、渭井下行线、蔡东联络线、渭井上行线、沪蓉上下行线（见图 4.27）。6 条铁路均为纵向布置，4 条已建铁路均依照地形建设，

图 4.26　快速路二横线土主段与铁路关系图

渭井上行线、渭井下行线、蔡东联络线北段现状为桥墩，南段为铁路路基；沪蓉上下行线与二横线相交段北段为桥台基础，南段为高架桥。在建 K141 联络线北段为桥墩，基础已经施工完毕。在建童西线北段为隧道，南段为桥墩和铁路路基，正在施工建设中。

图 4.27 快速路二横线井口段与铁路关系图

4.2.3 项目挑战

1）对隧道与桥梁总体设计的要求高

本项目主体工程为土主隧道和礼嘉大桥。土主隧道长 4 050 m，需穿越地质情况非常复杂的中梁山，且为特长隧道，需集成通风系统、消防系统、监控系统、通信系统、照明系统；礼嘉大桥横跨嘉陵江，桥梁跨径大、结构复杂，因此项目对隧道与桥梁的总体设计要求高。

2）与铁路线关系复杂，干扰大

项目先后分别跨越或者穿越兴胡上行线、兴胡下行线、兴珞下行线、童西线、K141 线路联络线、渭井上行线、蔡东联络线、渭井下行线、沪蓉上下行线等 9 条铁路线，各条铁路线等级不同、功能定位不同、设计时速不同，客专铁路、客货共线铁路、货运专线铁路对道路的安全要求也不尽相同。因此，本项目与铁路线关系复杂，相互干扰大。

3）对保障快速路网交通运行安全的要求高

项目为重庆市快速路网的重要工程，是二横线中的一部分，在设计中要充分考虑交通构成的特点，对运行速度进行检验，并改善线形条件。本项目串联多个片区，是重庆市穿山过江的重要通道，而快速通道与片区路网衔接顺畅是保障快速路网交通运行安全的关键因素之一，因此对立交型式及出入口选择的要求高。

4）对环境保护及水土保持要求高

项目经物流园、中梁山、同兴工业园 A 区、井口工业园及嘉陵江两岸，沿线敏感区较多，特别是穿越的中梁山山脉为主城"肺叶"，生态环境优美、地下水资源丰富，是生态保护极其敏感区，同时也是重庆市国土局、环保局针对主城"四山"穿山通道水环境影响的三级影响、控制分区中的慎建区。因此，项目对环境保护、水土保持的要求极高。

5）对不良地质段隧道设计水平要求高

土主隧道穿越中梁山脉，其地表水、地下水广泛分布，岩溶、落水洞、暗河、采空区、煤层、瓦斯、地热温泉等不良地质风险众多，地表东、西两个岩溶槽谷地带建构筑物密集分布，故隧道施工遇高压富水、突水、突泥、地表塌陷等风险的概率极高。一旦设计措施不足，设计方案可行性差，将对隧道施工安全产生影响，导致施工工期无限延长，并可能引起地表上、下水位下降及水库、泉水、井水泄漏，甚至引起地表房屋塌陷等问题。这将对中梁山脉的水环境造成不可修复的严重破坏，引起极大的索赔纠纷，带来极不利的社会影响。

4.2.4 创新设计与技术特点

1）路线总体设计

本项目在总体设计上充分尊重城市总体规划、城市综合交通规划及专项规划，考虑社会效益、环境效益与经济效益的协调统一，合理采用技术标准，遵循和体现以人为本、资源节约、环境友好的设计理念。

由于项目东段需穿越多条已建和在建铁路线，因此在设计时综合考虑项目整体线形标准，考虑隧道施工及运营的安全、通风及投资，同时在确保铁路审批可行的前提下，考虑项目对铁路运营的影响及综合经济效益等因素，最终大胆地提出了上跨铁路群的方案（见图4.28）。

上跨方案中，土主隧道东侧洞口位置根据"穿硬避软、穿梁避沟"的原则，将线位较可研方案南移180 m左右，避开桐油沟低洼地势，同时避开在建铁路童西线桥墩，在路基位置下穿童西线后，于地质条件较好的山梁位置出洞。出洞后上跨桐油沟（设置涵洞1座），然后采用一个较长的"S"形曲线上跨1条在建铁路（K141联络线）、3条现状铁路（遂渝铁路下行线、歌乐山铁路联络线和遂渝铁路上行线）及现状渝碚路，再下穿现状兰渝铁路跨桥通过，而后与同兴工业园段线位接顺（见图4.29）。

方案中，土主隧道洞身段平面采用直线，保证了较高的线形标准，竖向采用0.5%/2 140 m及–0.9%/2 649.310 m的人字坡，从而达到改善施工条件和运营环境、降低能耗的目的，同时根本性地解决了隧道出口至大桥段与多条铁路的立体交叉问题。由于采用提升出洞标高，上跨铁路集群，缩短隧道长度，减少隧道弃渣及设置局部路基消耗部分弃渣，将洞身置于完整稳定的地层及隔水层的做法，所以大大节约了工程投资，缩短了施工工期，避免了对生态水环境造成破坏，且整体线形的视角、景观效应较好，符合快速路的功能定位。

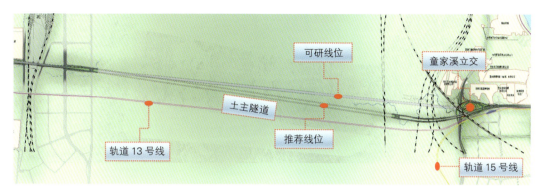

图 4.28　快速路二横线上跨铁路平面图

图 4.29　快速路二横线上跨铁路鸟瞰图

2）立交工程

本项目全线共设置 5 座立交，分别为回龙坝立交、物流园立交、童家溪立交、井口工业园接线和礼白立交。其中，物流园立交、井口工业园接线为简易立交，童家溪立交和礼白立交为一般式互通立交。

（1）回龙坝立交

回龙坝立交为快速路二横线与快速路一纵线的相交节点，一纵线上跨二横线，相交道路等级均为快速路，故立交形式应采用枢纽型互通式立交。根据交通量预测结果，结合立交所在区域已发红线情况、现状地形等因素综合考虑，回龙坝立交采用涡轮形，一纵线南至二横线西为次要交通流，采用环线匝道。

为了加强二横线（渝蓉高速方向）与一纵线东侧物流园片区的交通联系，沿二横线设置辅道直接进入物流园区，可避免一纵线方向经匝道至二横线主线的交织车流，从而降低事故风险，提高立交的运行效率（见图4.30）。

图4.30 回龙坝立交鸟瞰图

（2）物流园立交（见图4.31）

由于物流园片区受铁路分割较为严重，铁路东西两侧交通联系不便，因此设置的菱形立交除应满足片区与二横线之间的交通转换之外，还要能够加强铁路东西两侧片区之间的横向联系。考虑将菱形立交进行分离设置，其西端与垄安大道相交，东端与沿山中干东线相接，并通过辅路联系4处下层平交口，再利用两处铁路既有双向四车道框架，连接团歇路交叉口及物流园次干道交叉口，作为联系物流园区铁路东西两侧的通道。

图 4.31　物流园立交鸟瞰图

（3）童家溪立交

童家溪立交为快速路二横线与渝碚路的相交节点。根据立交所在区域现状地形、河沟、现状建筑、铁路、已发地块红线、规划轨道线等主要控制条件进行综合分析后，发现第二、第四象限内兰渝线铁路桥墩对立交匝道布设的限制较为严重。兰渝线设计施工时仅为二横线主线预留空间，并未考虑立交匝道布设影响，导致轨道墩平面布置以及桥墩埋深对立交方案均存在巨大影响。同时，第二、第四象限内桐油沟自西向东横穿渝碚路后沿渝碚路向南走向；第三、第四象限内由于规划轨道 13 号线、15 号线以及车站占用，匝道布线的空间也极为有限。因此，本次设计主要考虑在第一象限布置匝道。立交选型采用变异涡轮形（见图 4.32），在考虑避开已发用地红线的前提下

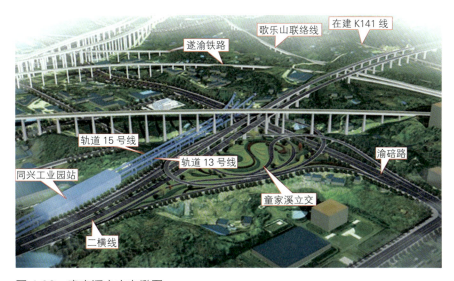

图 4.32　童家溪立交鸟瞰图

进行匝道布局。

同时，将立交的人行系统与轨道车站出入口以及周边规划道路人行系统进行有效衔接，实现了人行通畅且绕行较少。另外，该方案结构物相对较少，立交布局极为紧凑，占地较小，立交投资较省。

（4）礼白立交

礼白立交为重庆市快速路二横线与主干道金通大道的相交节点。立交区域周边用地为绿化用地，无发件地块，立交受限制较小。立交范围内仅有现状黄桷坪隧道（长180 m）已施工通车的 A、B 匝道和部分主线，以及规划轨道 15 号线及车站，立交布线受一定限制。根据规划分析，礼白立交定位为以交通功能为主，快速解决主要方向交通流向，兼顾次要方向交通转换的一般互通式立交。立交采用变异蝶形方案（见图4.33），通过设置迂回匝道（E 匝道）和环形匝道（H 匝道），将规划及原设计立交方案缺失方向进行补全，满足了立交的基本功能需求。同时，通过增设辅道以及改造双堰立交方向至高新园方向 G 匝道，解决匝道进出口问题，避免匝道分合流对主线车流的影响，保证了主要流向的通行效率。

3）井口工业园接线

项目设计时，结合最新路网规划、用地规划以及交通流量预测分析等综合考虑，对全线立交定位进行了进一步的梳理和更加深入的分析，在井口工业园片区增设上下礼嘉大桥的接线，与片区中部纵向主干路相连，实现了井口工业园片区方便快捷的上下桥，加强了嘉陵江两侧用地的交通联系。该接线定位为简易立交，该方案在规划路网及可研方案的基础上仅增加两条上下大桥的匝道（见图4.34），就实现了礼嘉大桥与桥头路网的有效衔接，较好地完善了路网功能，同时仅增加了少量投资，综合经济效益较高。

图 4.33　礼白立交鸟瞰图

图 4.34　井口工业园接线平面图

4）桥梁工程

礼嘉嘉陵江大桥位于重庆主城区，是重庆主城最重要的过江通道之一。本项目与轨道桥采用分建模式，其桥位附近上、下游跨江桥梁皆为梁桥。梁桥与环境的融合性较好，245m 跨径也在梁桥适用范围内。嘉陵江已建与在建桥梁中，主要以梁桥和斜拉桥为主，这是为了打造和谐美观的滨江风景带，所以不宜修建过于突兀的结构。

大桥在选型设计中充分考虑所处位置的环境，据远山延绵、近水涟漪的环境特点，最终选择桥梁形式中最能代表力量与柔美的空腹式拱梁桥（见图 4.35）。其既有连续梁桥的通透，又有拱桥的柔美，形态自然过渡于山水之境，同环境相得益彰。

图 4.35　礼嘉嘉陵江大桥鸟瞰图

5）隧道工程

根据重庆市"四山"规划区（中梁山片区）地质环境专项调查报告资料，结合重庆市国土资源和房屋管理局针对主城"四山"穿山通道水环境影响（禁建区、慎建区、宜建区）的控制分区情况，本项目属于慎建区，地质环境保护要求高。同时，作为城市快速路特长隧道，其技术标准、设计速度目标值及集成系统防灾能力要求高，交通量大，服务功能强。因此，隧道位置的选择应在遵循地质选线、生态选线、功能选线的前提下，充分考虑隧道两端控制条件，合理布局。

本隧道的平面线形及间距主要考虑工程水文地质条件、隧道两端在建或既有铁路控制条件、施工及运营通风条件和行车及路网接线条件，尽可能减少洞口两端用地，提高结构的受力特性，降低对地表建筑物和地表水系的影响及施工风险，因此采用了分离式双洞隧道方案。根据洞外接线需求，除右线进口端设置 R 为 13 000 m（左线进口端设置 R 为 6 000 m）的大半径右偏曲线外，全隧道均以提高行车舒适度和运营服务功能为首要任务，设计为直线隧道，以达到快速、高效、安全通行的目的。

线间距的拟定主要考虑隧道穿越地段的地质情况，尽量减少洞口两端用地及满足接线条件，避免因小净距隧道而出现的工程投资增加及带来的施工风险。本次设计为进口线间距 23 m、出口线间距 25 m 的直线线形。

土主隧道进出口段地形平缓，横坡及纵坡均较缓，左、右线采用同一平面 1∶1.25 削竹式隧道洞门，与周围环境协调（见图 4.36）。

项目设计时，从特长隧道的防灾救援角度出发，为提高本项目在系统运输上的可靠性和效率，降低运营期间的事故发生率，设置了四车道特大跨度紧急停车带及车行、人行、竖井等逃生通道，以提高本项目的服务功能，为防灾救援提供可靠保障。

图 4.36　土主隧道进出口鸟瞰图

4.3　快速路三横线（五里店—通江大道）

4.3.1　项目背景与概况

快速路三横线是重庆主城快速路网的重要组成部分。本项目为快速路三横线东段，西起五里店，经对山后跨越长江，经弹子石，在黄桷湾跨越内环快速，然后下穿慈母山，经纳溪沟，下穿南山，跨兰草溪，穿长岭岗，终点止于通江大道（见图4.37）。道路全长 13.1 km，道路等级为城市快速路，双向六车道，标准路幅宽度为 44~54 m。项目主要包含朝天门大桥 1 座、其他高架桥 5 座、互通式立交 6 座、隧道 3 座。其中，朝天门大桥为特大桥，主跨长 552 m，北引桥长 314 m，南引桥长 495 m，全桥长 1 741 m，桥面下预留两车道汽车交通和轨道交通。慈母山 1#、2# 隧道均为长隧道，分别长 2.18 km 和 2.47 km。

图 4.37　快速路三横线（五里店—通江大道）航测图

4.3.2 项目建设条件

（1）建筑物

在五里店片区，项目南侧有南方上格林小区；在弹子石片区有重庆第二监狱、窍角沱小学；在纳溪沟片区有重庆东方化学试剂厂等单位。

（2）轨道

规划轨道环线在五里店至弹子石段与本项目共线，规划轨道9号线在对山地下横穿快速路三横线。

4.3.3 项目挑战

①大桥位于长江门户通道上，对桥梁景观创新性要求高。

②轨道交通与三横线同桥位，是共建还是分建？

③五里店片区在不足 1 km² 范围内规划有 5 座立交，如何处理立交群直接的相互关系？

④朝天门大桥两岸滨水地区片区的交通如何有机联系？

⑤隧道穿过南山风景区，环境敏感性要求高。

4.3.4 创新设计与技术特点

1）总体设计

结合道路的规划功能定位，根据预测交通量并结合地形、地质、交通组成等因素，确定道路设计技术标准。重点突出一个"适"字，即标准采用应适当、适用，工程防护要适度。

合理选择技术指标，因地制宜，结合实际，强调工程设计可实施性，以达到功能满足和投资节约的目的。这对于控制工程造价，消除工程隐患，以及减少对自然环境的破坏尤为重要。

本项目全长 13.1 km，最小平曲线半径为 1 000 m。全线共设置纵坡 8 处，最大纵坡为 4.5%，最小纵坡为 0.3%。

（1）五里店立交群处理

在江北城北面五里店立交附近约 1 km² 的范围内，共分布有 5 座立交，它们应作为一个立交群系统来整体考虑（见图 4.38）。

五里店立交为黄花园大桥与朝天门大桥的十字交汇点，为一枢纽立交。但由于建设于 20 世纪 90 年代，其设计及建设标准较低，因而其余 4 座立交皆为其补充。五桂路与五童路交叉口立交为互通式立交，其与五里店立交组合成一大型立交。对山立交与江州立交为江北城的北面与西面出口，立交应为部分互通式立交。江北城立交为江北城南北向干道与环道（次干道）的交叉，为部分互通式立交。

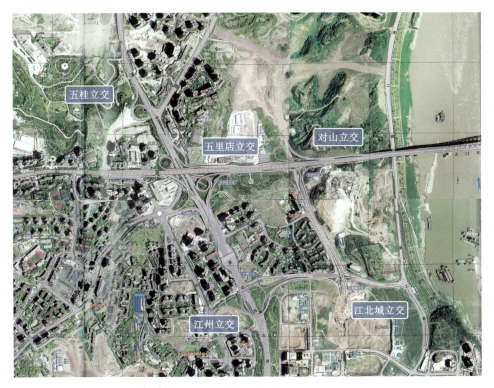

图 4.38　五里店立交群航测图

为解决江北城的对外交通，对山立交与江州立交尤为重要。对山立交主要解决江北城与 CBD 配套区（弹子石）及五桂路之间的联系，而江州立交主要解决江北城与黄花园大桥北引道、五黄路、五童路及五里店地区的交通转换，是江北城向南、向西、向北进行交通转换的主要通道。因五里店立交距离江州立交只有 751 m（立交中心距离），因而在黄花园大桥北引道两侧各拓宽一条车道作为辅助车道。五里店立交距离对山立交只有 630 m（立交中心距离），可将两立交匝道直接相连，并对相连匝道进口进行交通控制管理。

（2）朝天门大桥东西两岸滨水片区的有机联系

朝天门大桥工程两端引道接线路网十分复杂，集中反映了重庆市路网现状问题——路网系统性差、整体性差、道路网密度偏低，路网结构不合理，次干道和支路不成网络系统，已有道路建设标准偏低，难以适应日益增长的交通需求，且未区分道路功能，快速干道与主干道都肩负服务功能。

考虑到主桥上层桥面高 252 m，下层桥面高 242 m，滨江路标高在 195 m 左右，高差达 50 m 左右，大桥两岸桥头不宜设置立交直接与滨江路连接。

在朝天门大桥西岸，江北对山立交处利用大桥下层桥面空间在轨道两侧设置两车道，通过匝道直接与江北城南北干道（次干路）连接，再通过路网进入江北滨水片区。

在朝天门大桥东岸，下层交通在引桥跨过武警医院后在卫国路处设平交或简易立交与卫国路相接。通过路网实现下层公共交通与南岸滨江路沿江片区的交通转换，克服上、下40～50 m的高差问题。卫国路规划路幅建议加宽成26 m，双向四车道。

由于江北滨江路片区、南岸滨江路片区和主桥标高高差大，南岸接滨江路道路资源紧缺，而该桥又是双层桥（见图4.39），因此，建议将下层交通与南岸滨江路连接的道路资源提供给公共交通专用（至少在建成后若干年、交通量大时）。如此一来，通过下层桥可实现中央商务区南北两岸公共交通的通达，并营造良好的交通环境。

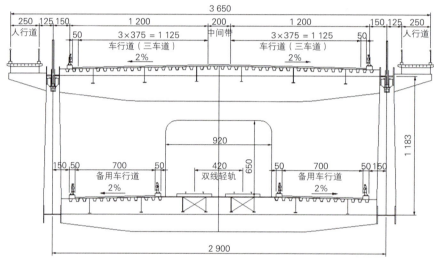

图 4.39　朝天门大桥横断面图（单位：cm）

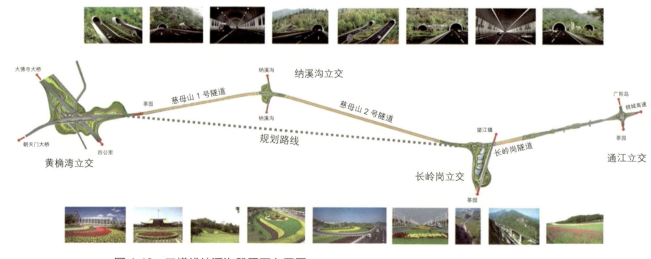

图 4.40　三横线纳溪沟段平面布置图

（3）隧道"开天窗"

为了方便纳溪沟沿线居民出行，带动周围土地开发和城市更新，本项目结合地形及建构（筑）物，改变原一次穿越慈母山形成 4.85 km 特长隧道的主线线形，充分利用纳溪沟地形，使线路先穿越慈母山在重庆东方化学试剂厂北侧出洞，形成长 390 m 的敞开段，并在此设置一简易立交，解决纳溪沟片区出行难问题，然后再穿过南山，见图 4.40。道路两次穿越形成慈母山 1# 隧道（长 2.18 km）和 2# 隧道（长 2.47 km），极大降低了特长隧道的后期运营费用。

2）立交工程

立交是城市的重要建筑物，体现城市的特征和风格，是构成城市景观的重要因素。因此，在造型上要选择特征鲜明、结构典雅的立交型式，充分展示发展中的城市形象。立交型式应与立交等级、性质和交通量相适应，与立交所处地形、地物及环境相适应，做到近期需求和远期规划相结合，立交的主要交通流与次要交通流相结合。

本工程全线共设五里店、对山、弹子石、黄桷湾、纳溪沟立交、通江立交 6 座立交。

（1）五里店立交及对山立交

五里店立交为三横线与渝鲁大道（快速路五纵线）、建新东路之间的 5 路立交，为"8"字形 + "T"形组合式立交（见图 4.41）。本项目设计前已实施一期和二期。

对山立交为三横线与江北城南北干道（次干路）之间相交形成的立交，距离五里店立交仅 620 m。根据交通量分析，此立交设计为部分互通立交（见图 4.42）。

图 4.41　五里店立交全景

图 4.42　对山立交全景

（2）弹子石立交

弹子石立交位于南岸 CBD 中心，为三横线与腾龙大道之间的立交，原设计为一个标准的"8"字形立交，其交通功能强大，景观效果好（见图 4.43）。由于南岸 CBD 规划调整，而该立交尚未施工，故结合新规划调整为双点组合立交（见图 4.44）。

图 4.43　弹子石立交设计鸟瞰图

图 4.44　弹子石立交调整后方案

（3）黄桷湾立交

黄桷湾立交为快速路三横线与内环快速路、机场快速路、弹广路形成的 7 路交叉节点，立交设计为 5 层立交，含 19 条匝道（见图 4.45）。此立交考虑到内环高速、机场专用高速、三横线之间的主要交通流向均采用定向匝道，因而线形标准高，为"高转高"立交。同时，保留了原有盘龙立交，并对部分现有匝道进行改造，起到联系弹广路与内环高速的目的。

图 4.45　黄桷湾立交实景

（4）纳溪沟立交

纳溪沟立交为城市快速路与片区次干道相交的立交，主要应保证主线方向交通畅通，因此采用右进右出的简易立交形式（见图4.46）。

图4.46　纳溪沟立交鸟瞰图

（5）通江立交

通江立交为快速路三横线与已建成的通江大道相交的节点，快速路三横线下穿通江大道。为不影响已建的综合管沟，三横线从管沟底部穿过，并应考虑结构层厚度要求。施工时应对综合管沟进行保护。

三横线为城市快速干道，设计车速为60 km/h；通江大道为茶园片区内的一条主干道，但向北接广阳岛为断头路。因此，由茶园方向至朝天门方向将是一个主流方向，故通江立交采用单点菱形立交+定向匝道方案（见图4.47）。

图4.47　通江立交鸟瞰图

3）桥梁工程

朝天门长江大桥桥址位于长江干流和长江第三大支流嘉陵江的交汇口——朝天门下游约 1.3 km 处。长江干流和嘉陵江在朝天门汇合，流急涡漩，犹如野马奔腾，滚滚东去，气势雄壮。同时，这里还是中外游人观赏两江环抱重庆半岛、山水相映、百舸争流的好地方，堪称重庆的门户。

朝天门长江大桥主跨 552 m，被称作"世界第一拱桥"，也是重庆的标志性建筑。大桥为三跨连续中承式钢桁系杆拱桥（见图 4.48），采用上层"汽车道＋人行道"、下层"汽车道＋轨道线"的"双层通行"模式（见图 4.49）。

4）隧道工程

全线共有 3 座隧道，慈母山 1# 隧道长 2.18 km，2# 隧道长 2.47 km，长岭岗隧道长 0.47 km。隧道均按双向六车道分离式隧道设计。慈母山 1#、2# 隧道建筑限界净宽 13.75 m，净高 5.00 m。隧道进出洞口的位置均遵循"早进晚出"的原则，并考虑经济性及美观性，1# 隧道采用端墙式洞门（见图 4.50），2# 隧道采用削竹式洞门。隧道洞门均进行了景观绿化，做到了与自然和谐统一。

图 4.48　朝天门长江大桥全景

图 4.49　朝天门长江大桥下层实景

图 4.50　慈母山 1# 隧道进洞口实景

4.3.5　经验与借鉴

重庆长江两岸常见为台阶地形，在跨江桥梁建设中，应结合两岸路网优先采用上、下层布置方式，一层宜为快速过境交通，一层宜为服务性交通。在类似项目中，需注意以下几点：

①在进行快速分段设计时，应对整条快速路进行总体设计，统一技术标准，统一立交匝道出口形式，注重车道的连续和平衡（见图 4.51）。

②两座立交的间距不满足设置辅助车道长度时，应设置辅道形成组合式立交。

图 4.51　主线车道不连续实景

第5章 环境协调

5.1 宜昌市江城大道

5.1.1 项目背景与概况

江城大道为宜昌市江南片区一条重要的南北向骨架道路（见图5.1）。宜昌地处湘、鄂、渝三省（市）交汇处，从国家经济的宏观格局上看，它位于东西两极（即长三角经济圈与成渝经济圈）形成的轴线上，是连接两极的重要交通枢纽。从区域格局来看，它是联系中部的武汉城市圈、长株潭都市圈与成渝都市圈之间的一个重要的节点城市。在此背景下，宜昌市走出西陵老城区，积极寻求城市发展的新空间，提出了涵盖长江以南地区、伍家岗组团等区域的宜昌新区建设计划。本项目便是建设计划中的重要组成部分。江城大道东起点军城市中心，沿长江往南，终点止于宜都组团，是宜昌市快速路规划中江南片区唯一的纵向快速路。宜昌是典型的沿轴线发展的带状组团城市，以长江水轴为骨架塑造城市总体格局，以两岸平行骨架道路为依托，带动城市区域发展。江城大道即为长江南岸的城市轴线，是江南片区开发的先决条件之一。因此，本项目的建设对于宜昌市的发展有着极为重要的意义。

本项目全长 16 km，是《宜昌市城市总体规划》（2011—2030年）所提出的"四纵三横"快速路网中最西侧的纵线，也是江南片区唯一的纵向快速路。全线共设有 3 个主要节点和少量次要节点与区域路网或骨架路网相衔接。道路沿线地形起伏较大，全线设置大桥 4 座、中桥 2 座、短隧道 4 座。

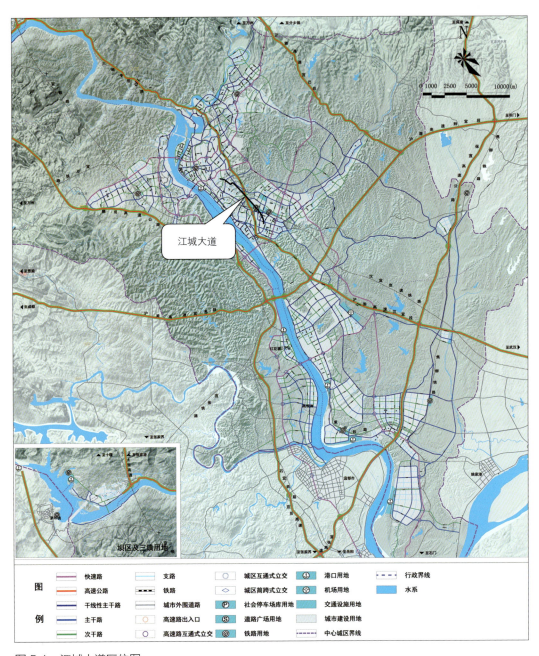

图 5.1　江城大道区位图

5.1.2　项目建设条件

项目位于宜昌市长江南岸点军区沿江狭长地带。项目沿线区域经过了城镇、山区及风景区等，控制因素众多，主要分为点状控制因素（如中石化油库）、线状控制因素（如宜万铁路等），以及面状控制因素（如荆门山景区用地等）。这些因素对项目选线造成了一定的困难。

5.1.3　项目挑战

①规划上，项目与西侧的翻坝高速并行，中途穿越了江南片区发展重点——艾家组团。如何处理好城市快速路与高速公路的结构关系，实现既能满足交通功能的需求，又能最大化利用城市土地价值和促进新区发展，是项目需要深入考虑与妥善解决的问题。

②本项目线路较长，其中西段与东段长达 10.5 km 均从生态区或景区中经过，如何均衡处理好项目与周边环境的关系，以及如何解决好交通安全、工程经济性等方面的问题，是本项目的一大挑战。

5.1.4　创新设计与技术特点

1）城市道路与翻坝高速关系处理

原规划路网中，江城大道中段紧贴翻坝高速布设，但两者之间没有联系。翻坝高速现状流量极少，而江城大道预测流量较大，交通资源分配不均。另一方面，并行的两条快速通道形成了一条宽阔的隔离带，彻底阻隔了艾家片区向西发展。

项目在设计时考虑将江城大道艾家段线位调整至艾家镇中轴，从而形成带状城镇发展中最为合理、高效的鱼骨形路网模式。这种模式下，道路对片区各个地块的辐射强度比较平均，整个片区路网交通流的分布也较为均衡。

同时，设计重新定位江城大道艾家段的道路等级为城市主干路，强调了该段道路对片区的服务功能，并且利用艾家北立交联系江城大道与翻坝高速，江城大道东北往西南方向的中长距离快速交通在进入艾家片区前进入翻坝高速（见图 5.2）。这样可使该地区纵向道路的分工更加明确，也更加符合规划意图，从路网层面上来讲也是交通资源的一种有效整合。

2）生态、景区段道路选线

道路北段沿线为生态区，南段沿线为荆门山景区。荆门山史称"全楚西塞第一关"，是宜昌市重要的风景名胜。它横亘于点军与宜都交界处，是两地往来的必经之地。因此，设计需要着重考虑道路建设对荆门山等生态区和景区景观的保护。

江城大道原规划方案在穿越荆门山时，道路呈直线形。该方案与山形和沟壑完全无法结合，线条刚硬的构筑物与地势的自然起伏相冲突，将给景观带来大量噪点。同时，过高的路线指标还会产生大量的填挖工程，对景区山体的破坏极为严重。

采用的推荐线路（见图5.3）充分尊重山体、溪沟，结合地形，采用柔美的曲线化设计，沿谷地布设。狮子包处结合隧道采用分离式路基，保证江岸山脊线的延伸，可最大限度地减少对环境的影响。

图5.2 江城大道与翻坝高速关系示意图

图5.3 江城大道鸟瞰图

图 5.4 江城大道与宜万铁路关系

3）穿越宜万铁路节点处理

宜万铁路为高铁，规划方案穿越宜万铁路的方式是道路隧道下穿铁路隧道，为斜交洞室交叉（见图 5.4）。

根据资料，公路隧道与高铁隧道间竖向最小净距不足 4 m，项目建设过程中的协调，以及设计、施工的难度均很大。同时，两个隧道间过薄的岩层产生的形变和震动等因素也会威胁动车运营安全。

图 5.5 江城大道新线路与宜万铁路关系

设计过程中，我们没有试图直接从工程措施层面解决这个难题，而是考虑对路线进行优化，尽量避免形成小净距的隧道群，从而将隐患消除于源头。推荐方案（见图5.5）将路线往东北侧偏移，从北侧绕避宜万铁路隧道所在的山体，从而利用铁路桥跨穿越。该方案线形较原方案更为顺畅，同时也规避了隧道建设风险，对动车运营无影响。与隧道方案相比，该方案节约造价约70%。

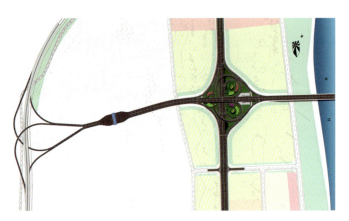

图5.6　江城大道与伍家岗大桥关系图

4）伍家岗大桥接线处理

伍家岗大桥南引道与翻坝高速相接，是宜昌的门户通道之一。同时，大桥作为有限的过江资源，肩负着联系江南片区地面道路网与江北片区道路网的重任。因此，伍家岗大桥与江城大道的节点既要提供江南片区路网交通、过江交通与进出翻坝高速交通的转换功能，同时又要求对现有翻坝高速出口立交不能产生太大的影响（见图5.6）。此外，作为门户通道上的第一个枢纽，其造型应大气、美观，以展示宜昌风貌。

设计过程中，结合大范围的交通分析与节点的流量流向分析，采用蝶形立交作为节点形式，两层布置，次要交通流采用环形匝道，其余采用定向和半定向匝道连接。其中，次要流向中交通量最大的艾家往伍家岗大桥方向的匝道设计为两条半直连匝道，提高其平面线形指标，以最大限度地提高交通顺畅性，同时通过线形调整避开大桥锚定。该立交识别性强，能够提供快速转换服务，与流量、流向匹配好，布局对称，简洁大方。

5）终点与宜都路网的关系

设计终点为宜昌长江公路大桥南桥头，也是现状沪渝高速红花套出入口。该点东侧紧靠长江，西侧与翻坝高速规划桥南互通相邻，用地极为受限，交通组成也极为复杂，涉及点军、宜都、江北片区城市交通与翻坝高速对外交通的转换。该节点的处理将直接影响整个江南片区西部的路网承载能力与交通状态。

根据宜岳高速资料，桥南互通通车后，原桥头的红花套出入口将封闭，改由宜岳高速向南3 km处新增的红花套立交出入，一分为二的出入口将宜都市和宜昌城区来往翻坝高速的交通分离开来。从城市路网结构和交通流量预测结果来看，北侧桥南互通的交通量是远大于红花套立交的。

尽管江城大道红花套段已超出本项目设计范围，但秉着对社会负责的原则，从长远角度出发，我们仍对该段道路与节点的交通组织方式进行梳理，力求能够为未来的建设提供合理的建议。

设计在充分理解规划意图的基础上，合理利用交通资源，使道路采用分离式节点的形式穿越长江大桥南引道，并接入红花套组团，从而将江南片区东侧来往翻坝高速的交通引入红花套立交而不增加桥南互通的交通负担。同时，也减少了互通立交数量，有效地利用了交通资源，降低了工程造价（见图 5.7）。

6）隧道与景观环境的融合

本项目隧道均位于生态区和景区，隧道洞口段是暴露在山林中的构筑物，

图 5.7　江城大道与宜昌长江公路大桥关系图

其施工可能导致两个问题：一是洞口开挖和支护对山体的破坏问题，二是洞口本身与景观的协调问题。

针对上述问题，项目在洞口设计时贯彻"早进晚出"的原则，做到零开挖进洞，并采用"前置式洞口工法"施工，完全避免了洞口建设对山体的开挖和支护，从而保证了山体表面和景观的完整性。同时，隧道采用与山坡斜率相近的削竹式洞门（见图 5.8），确保与环境协调，减少生态破坏。洞口防排水设计遵循"以堵为主，堵、排结合"的原则，减少对水环境的影响。

图 5.8　江城大道隧道洞门鸟瞰图

7）交通运行安全

由于本项目隧道较多，设计过程中特对隧道出入口的眩光问题进行了重点研究。人眼对隧道内外光线突变的滞后适应导致了隧道的"黑洞"与"白洞"效应，这是隧道出入口处交通事故高发的主要原因之一。通常来说，内外光线差别越大，效应越明显，而外部光线主要受照度和光照角度影响。

本项目中，原规划方案谭家河1#、2#隧道为正东西向。通过三维模型空间日照强度分析得出，夏季夕阳对出洞口存在近1 h的强光照射，造成行车眩光，从而产生强烈的白洞效应，严重影响交通安全（见图5.9）。

设计中，通过结合总体选线，将隧道轴线优化为东南—西北向，采用3座短隧道穿越"鸡爪"地形。日照分析表明，该线位避免了夕阳的直射，能够有效避免洞口眩光提升行车安全性（见图5.10）。

8）选线与借景的平衡及景观塑造

江城大道穿越丘陵、城市和山林景区，是全揽江南片区风貌的重要通道。因此，本项目景观设计贯穿整个道路设计过程。在选线时，空间变化和借景的选择作为重要平衡内容纳入考虑。

一方面，不同路段的选线照顾了车行过程中的高山低谷、光影明暗、树秀石美等，为景观设计打下了坚实的基础；另一方面，景观的塑造又依托行车视角，顺应沿线不

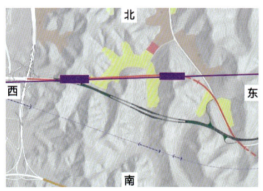

图5.9　江城大道隧道眩光示意图

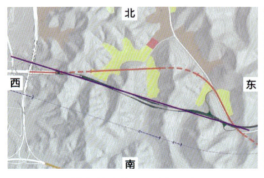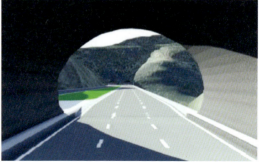

图5.10　江城大道隧道日照分析示意图

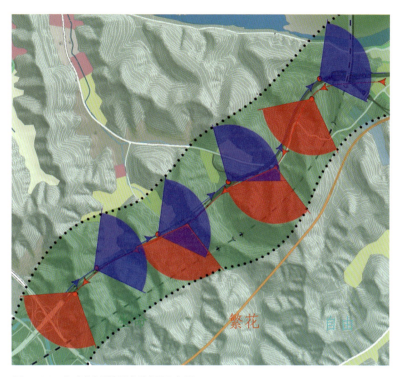

图 5.11　江城大道视线分析示意图

同路段的景观风格。

　　为此，在进行道路选线时，采用了视线分析的方法（见图 5.11），结合实地踏勘，详细地制订了每一个路段的景观塑造强度与塑造风格。而在线位选定之后，又采用节奏分析的方法，借鉴音乐创作模式，确定各路段景观密度（见图 5.12）。通过这样的

图 5.12　江城大道景观示意图

103

方法，使景观设计与路线设计相结合，避免了传统单调的"行道树＋绿化带"模式，提升了道路景观的层次。

5.2 泸州二环路（蓝安大道—蜀泸立交）

5.2.1 项目背景和概况

泸州是国家历史文化名城（见图 5.13），为满足城市空间的交通需求，综合交通规划构筑了支撑城市轴向交通的骨架路网，形成了"四横六纵两环五联络"的城市骨架路网结构。二环快速路是规划"四横六纵两环五联络"骨架路网的重要组成部分，同时也是支撑多中心多组团格局的城市复合交通走廊（小汽车＋轨道公交）。二环快速路为城市快速路，规划设计车速为 80 km/h，串联城北、城西、邻玉、城南、纳溪、沙茜、泰安、黄舣、高坝、安宁、石洞等规划组团，全长 52.5 km，覆盖面积约 130 km²。

环线西段工程南起蓝安大道，接二环快速路南环，向北延伸，跨倒流河、机场路、省道 308、泸州机场，然后跨越长江后在江阳区福利山处上岸，跨越长江北岸滨江路，经店子坡、马屋基，越沱江后转向东方，终点止于蜀泸立交（在建）接千凤路（见图 5.14）。道路全长 14.89 km，道路等级为城市快速路，设计时速为 80 km/h，标段路幅宽度为 50 m，主要包括泸州长江六桥、沱江四桥大桥 2 座、其他高架桥 2 座、互通式

图 5.13 泸州主城区鸟瞰图

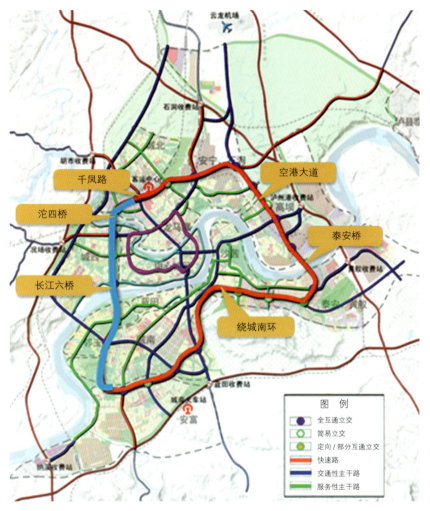

图 5.14　泸州二环快速路区位图

立交 8 座。其中，泸州长江六桥为特大桥，主跨 425 m，全桥长 1 723 m；泸州沱江四桥为特大桥，主跨 200 m，全桥长 694 m。

5.2.2　项目建设条件

1）地形

泸州快速环线西段工程以沱江、长江为界，分为北、中、南三段。

环线西段工程北段位于泸州市龙马潭区安宁镇，属于构造剥蚀侵蚀河谷地貌和浅丘剥蚀地貌类型。沱江北岸为沱江河流阶地及浅丘构造剥蚀地貌，地形坡度一般为 5°～15°。区内地表多为农田，向北穿越泸胡路和隆纳铁路，最高点位于黄大山附近，高程约 313.0 m，最低地形位于沱江边，高程为 230.0 m，相对高差约 83.0 m。

环线西段工程中段位于泸州市江阳区况场镇，属于浅丘构造剥蚀和河谷侵蚀地貌类型。浅丘地貌主要以农田、旱地为主，坡度平缓，一般为5°～15°，局部发育有陡坡、陡崖，坡度为50°～70°。河谷侵蚀地貌主要以长江、沱江及两侧河漫滩、阶地等为主。沱江南岸为构造剥蚀浅丘地貌，地形起伏较大，南岸基岩出露形成陡坡（崖），陡坡（崖）地形坡度为30°～70°。长江北岸地形坡度较陡，形成高陡岸坡，主要以冲洪积层卵石为主。区内最高点高程约350 m，最低点位于长江边，高程约225 m，相对高差约125 m。

环线西段工程南段位于泸州市江阳区蓝天镇，属于浅丘构造剥蚀和河谷侵蚀地貌类型。河谷侵蚀地貌主要以长江及两侧河漫滩、阶地等为主，长江南岸地形坡度较缓，主要以冲洪积层卵石为主。

2）河道水文及通航

（1）长江六桥通航标准、航道尺度及通航水位

长江六桥桥位处（见图5.15）长江航道技术等级为Ⅰ—（3）级。Ⅰ—（3）级航道通航净宽为180.0 m，通航净高为18.0 m。根据相关水文资料计算分析得，桥位处的最高通航水位为244.44 m。

（2）沱江四桥通航标准、航道尺度及通航水位

沱江四桥桥位处（见图5.16）长江航道技术等级为内河Ⅳ—（3）级。Ⅳ—（3）级航道通航净宽为111.0 m，通航净高为10.8 m。根据相关水文资料计算分析得，桥位处的最高通航水位为239.75 m。

3）已发红线及建构筑物

项目沿线的现状建筑或已出让地块主要有朱家湾新村、泸郎窖酒厂区、中石油基地、西南医疗康健城等。

图5.15　长江六桥桥位北岸地形、地貌

图 5.16　沱江四桥桥位地形、地貌

4）铁路、高压线

沱江南岸，隆叙铁路在店子坡立交处与本项目斜交，交叉角度约 30°；之后与拟建线位基本平行走向，距线位最近约 100 m；现状铁路桥位于沱江四桥下游 300 m 左右；在沱江北岸，铁路与拟建道路斜交，交叉角度约 30°。

马屋基立交西南象限为冯嘴 110 kV 变电站，且地势较高，高出现状康城路一段 30 m。同时，进出线铁塔及高压线为该区域主要控制条件，是影响道路选线及立交选型的主要因素。

5）现状道路

项目沿线的现状道路主要有蓝安大道、机场路、S308 省道、康城路一段等。现状蓝安大道为双向六车道，机场路及 S308 省道为双向两车道。根据规划，机场路及 S308 省道远期将拓宽改造为城市主干路，为双向六车道；康城路一段为双向六车道，道路跨铁路桥已建成。

5.2.3　项目挑战

①项目包含两座跨江特大桥，对桥梁结构的景观性要求高。

②项目作为支撑多中心多组团格局的城市复合交通走廊（小汽车＋轨道），需同时满足快速路与多制式轨道的标准。

③结合片区用地规划情况，根据辅路的功能与特点，对快速环线西段是否设置辅路进行分析。从辅路有效长度、交通服务功能、用地性质、经济性多方面进行分析，确定横断面形式。

④结合片区规划情况分析交通组织形式，结合地形及控制因素合理布局立交节点及形式，使复杂条件下的立交设计达到经济性和功能性的统一。

5.2.4　创新设计与技术特点

1）总体设计

设计体现"以人为本、安全第一"和"可持续发展"的设计理念，积极采用现代交通设计理念及新技术、新结构、新材料和新工艺，努力提高项目的科技含量，降低工程造价，减少综合运营成本，使项目的经济效益最大化。

路线应尽可能从各镇域的边缘或外围通过，避免对用地造成严重的分隔。同时，结合周边用地规划，运用价值工程原理，把对环境的破坏及其恢复程度、对周边路网的影响程度、本道路交通功能的实现程度、与周边景观的协调程度作为主要控制条件，确保在满足交通功能需求的前提下，达到规模标准适度、影响最小、设计方案最优、环境自然和谐。

道路选线重视生态建设和环境保护工作，做好了水土保持和生态景观设计，防止污染水源和水土流失，使道路与周围环境景观和谐统一，融入自然。

道路线形结合地形地貌，合理避开山体，减少对山体开挖，并适当远离河流，有利于河流复合生态廊道建设。

路线满足快速路与跨座式单轨的标准，最小平曲线半径为 650 m，道路最大纵坡控制在 3.5% 以内。

泸州城市快速环线西段工程全长 14.89 km，共设置平曲线 11 处，最大圆曲线半径为 3 000 m，最小平曲线半径为 650 m。全线共设置纵坡 19 处，最大纵坡为 3.5%，最小纵坡为 0.5%；最大坡长为 1 780.250 m，最小坡长为 430.129 m；最小竖曲线半径约为 4 000 m。道路平面线形优美，平纵组合得当，透视效果良好，行车安全舒适，满足远期跨座式单轨的建设标准。

结合项目用地规划、辅路的功能与特点，从辅路有效长度、交通服务功能、用地性质、经济性多方面进行论证，确定快速环线西段工程不设置辅道。

根据规划和交通量预测，采用两幅路断面形式（见图 5.17），道路标准红线宽度为 50 m，两侧各留 30 m 控制绿带，中央预留 11 m 通道，远期作为轨道通道，能满足多制式轨道交通的净宽要求。

近期（见图 5.18）：双向八车道，预留轨道交通通道，B=7.5 m（人行道）+15.5 m（机动车道）+4.0 m（中央分隔带）+15.5 m（机动车道）+7.5 m（人行道）＝ 50 m。

远期（见图 5.19）：双向六车道 + 轨道交通通道，B=7.5 m（人行道）+12.0 m（机动车道）+11.0 m（轨道交通）+12.0 m（机动车道）+7.5 m（人行道）＝ 50 m。

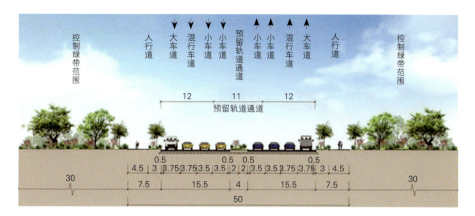

图 5.17 近期道路标准横断面图（单位：m）

图 5.18 近期道路鸟瞰图

图 5.19 远期道路鸟瞰图

2）立交工程

本工程全线共设教科城 3# 路、马屋基、店子坡、江北、江南、机场路、倒流河和环五顶山路 8 座立交。

（1）马屋基立交

马屋基立交（见图 5.20）位于沱江南岸，为快速环线与康城路一段相交，受西南象限冯嘴 110 kV 变电站和东侧隆叙铁路的影响，设计为蝶形立交，其功能较强大，且解决了用地问题。

（2）江北立交

江北立交（见图 5.21）位于长江北岸，为快速环线与滨江北路相交，受中石油基地、泸郎窖酒厂区及河道影响，设计为"8"字形立交，其功能强大，减少了拆迁，降低了工程造价。

（3）江南立交和环五顶山路立交

江南立交（见图 5.22）位于长江南岸，为快速环线与省道 S308 相交。环五顶山路立交为环线与环五顶山路相交，根据路网结构及交通分析，结合地形条件，设计为

图 5.20　马屋基立交鸟瞰图

图 5.21　江北立交鸟瞰图

部分互通立交，可减少造价，节约用地。

（4）机场路立交

机场路立交（见图 5.23）位于长江南岸，与机场路相交，主要受朱家湾新村及地形影响，设计为"8"字形立交。

（5）其他节点立交

教科城 3# 路立交、倒流河立交、店子坡立交（见图 5.24）均为快速环线与一般

图 5.22　江南立交鸟瞰图

图 5.23　机场路立交鸟瞰图

图 5.24　店子坡立交鸟瞰图

城市主干路相交，预测交通量相对不大，均设计为单点菱形立交，占地省，投资少。

3）桥梁工程

（1）长江六桥

从通航要求、河道水文条件情况、行洪要求、轨道通行要求、水中基础施工、工程总体景观效果等方面对桥型进行分析后，最终采用三塔斜拉桥，桥跨布置为115 m+425 m+425 m+115 m=1 080 m。

三塔斜拉桥能很好地适应桥位北侧地形较陡、桥位河道宽阔、河道向桥位北侧偏置的特点，使桥梁布局进一步融入桥位周边环境。

而三塔鼎立的形式既补足了江面较宽所造成的空间缺失，凸显了平衡之美，在视觉上也与众不同，使长江六桥成为了一道具有标志性意义的桥梁建筑。依受力与桥型的要求而形成的三塔起伏变化，正好与地形的整体环境相和谐。

桥塔借鉴阁楼式塔的造型（见图5.25），提炼并简化中国塔的典型架构，展示出别具一格的古今韵味。具镂空效果的横撑力求光线和视角的通透，被和谐地糅合进了城市流光溢彩的夜景和风情之中（见图5.26）。

桥塔采用C50混凝土，放置于桥面中央，横桥向为独柱形式，纵桥向采用分肢菱形造型。桥塔纵横向均为对称结构，高塔总高为177 m，其中桥面以上塔柱高135 m，桥面以下塔柱高42 m；低塔总高为

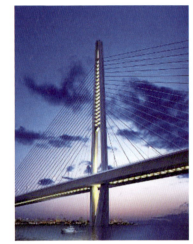

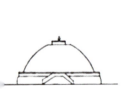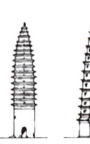

图 5.25　长江六桥桥塔造型意向

图 5.26　长江六桥三塔斜拉桥鸟瞰图

115 m，其中桥面以上塔柱高 75 m，桥面以下塔柱高 40 m。

主梁采用钢 - 混凝土混合梁结构。混合梁斜拉桥由于其主跨采用钢梁，所以具有跨越能力大的优点；而边跨采用混凝土梁，起到了很好的锚固作用，且兼具降低建桥成本的优点。

长江六桥主桥面全宽达 49 m，采用分离式双箱断面，可充分发挥全截面的性能，有效减轻自重，避免因箱梁宽度较大和多室造成施工裂缝。

（2）沱江四桥

从通航要求、河道水文条件情况、行洪要求、轨道通行要求、水中基础施工、工程总体景观效果等方面对桥型进行分析，桥梁形式宜采用现代建筑风格，并适当融入酒文化或巴蜀文化，最终采用单塔斜拉桥（见图 5.27），与长江六桥交相辉映。桥跨布置为 3×45 m+（55 m+200 m）+（58 m+50 m）+4×45 m=678 m。

由于泸州酒文化历史悠久，而沱江四桥桥位两岸为以医疗、教育为主的新城区，因此结合地形、片区用地性质及泸州酒文化历史，因地制宜地设计出景观性和文化性融为一体的单塔双索面斜拉桥方案。跨江桥造型独特，景观融合性好，具有地标性，对于城市宣传、旅游开发具有一定的促进作用。

综合考虑将轨道交通位于中间、市政交通位于两侧的位置分配要求，以及宽桥横向结构稳定性要求，创造性地采用倒"Y"形桥塔。桥塔顺桥向呈觚（古代饮酒器具）形（见图 5.28），横桥向呈"人"字形（见图 5.29），桥塔顺桥向觚形造型与文化景观融合，横桥向"人"字形造型与公、轨功能布局分配和结构受力融为一体。索塔由上塔柱、中塔柱、塔梁固结段、下塔柱组成。上塔柱沿纵桥向分为两肢，中塔柱和下塔柱沿横桥向分为两肢，下塔柱为带分水尖的"凸"形空心截面。索塔南肢总高为 150 m，

图 5.27　沱江四桥单塔双索面斜拉桥鸟瞰图

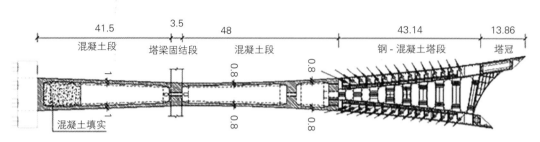

图 5.28 桥塔立剖面图（单位：m）

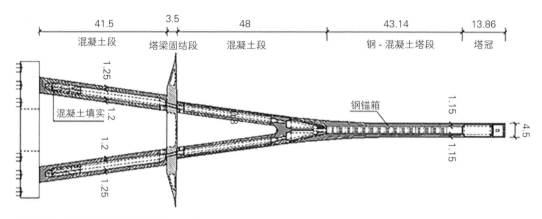

图 5.29 桥塔横剖面图（单位：m）

北肢总高为 140 m。桥面以上塔高 105 m，桥面以下塔高 45 m。由于拉索区桥塔段承受的水平力大，故采用钢结构桥塔承受拉索水平分力。塔肢采用钢与混凝土组合，以提高桥塔整体刚度。桥塔的纵横向立面均采用弧形曲线勾勒，与结构体系的阳刚有机地结合起来，形成了柔中带刚、刚柔并济的独特造型。

主桥主梁采用钢混 - 混合梁结构。主桥钢主梁为梁高 3.5 m 的等截面钢箱梁；混凝土主梁为梁高 3.5 m 的等截面预应力混凝土箱梁；引桥采用等截面预应力混凝土箱梁，梁高 2.5 m。

（3）其他桥梁

本项目坚持近远期结合的设计理念，在横断面布置上，近期采用双向八车道，中间预留 4 m 分隔带，远期为双向六车道 + 轨道交通。为应对近远期不同的道路断面形式，主线桥的断面布置也有所不同。因轨道车辆荷载与普通汽车荷载不同，桥梁设置情况应有所区别，故设计为独立的三幅桥。基于近远期结合的原则，三幅桥梁一并设计、施工，近期采用湿接缝连接，满足近期双向八车道通行需求；后期轨道制式确定后再去除湿接缝，同时根据功能需求对中幅桥进行相应的改造设计。中幅桥梁设计时，按地铁 B 型车 6 辆编组的荷载进行计算，同时满足市政和轨道交通的技术要求。

第6章　新的机遇与挑战

快速路是在城市快速城镇化、高速机动化背景下产生的，它承担了城市内部快速、中长距离、大运量的交通出行需求，是城市道路骨架系统的重要组成部分。快速路具有快速、舒适、高效等特点，故在连接城市组团、保证中长距离交通供给等方面有明显的优势。但是随着城市经济的急速发展和城市人口的不断增加，早期建设的快速路严重拥堵，且拥堵态势将随着交通需求的增长持续加剧，既有的快速路系统已经无法支撑未来城市经济社会发展的需求。因此，为实现真正意义上的都市快速路系统，急需对现有的快速路系统进行适当的改造，以形成一个相对独立、高效的快速路系统。

6.1　重庆内环高架系统

6.1.1　项目背景和概况

1）项目背景

《重庆市城乡总体规划（2007—2020年）》确定了"一区两群"的城镇体系，对主城区综合交通发展也提出了新要求。2014年，重庆市规划局组织开展了《重庆市主城区综合交通规划评估及优化》，通过评估发现：规划快速路网不能满足未来交通需求，快速路快速通行的效率功能未得到发挥，快速路拥堵严重。

（1）高峰时段内环以内干道平均车速不断下降

由于机动车增速快于道路、轨道等交通基础设施的建设，桥隧建设投资大、周期长，近年来，主城区交通拥堵日趋严重。高峰时段，内环以内干道车速不断下降，平均车速从2011年29.4 km/h下降到2015年21.1 km/h，拥堵里程比例达9.3%。内环及以内快速路高峰小时拥堵现状见图6.1。

（2）内环西北段拥堵较为严重，其他段也呈现缓行或拥堵状态

2015年，内环快速路流量分布总体呈现"西高东低，北高南低"的态势，流量变化总体呈现"西北段稳定，东北段和南半段快速增长"的态势。西北段（东环立交—杨公桥立交）已进入常态化拥堵，西半环（西环立交—凤中立交段）与东北段（五童立交—东环立交段、南山立交—茶园立交段）开始出现拥堵，其余区段运行基本畅通。

（3）关键断面运行情况

主城区隧道及桥梁较多，常常为所在道路的交通瓶颈，影响整条道路的运行状态。内环快速路关键断面有真武山隧道、上界高速小泉（及吉庆）隧道和大佛寺大桥、高家花园大桥、马桑溪大桥。

各关键断面全日交通量基本呈逐年增加趋势，特别是马桑溪大桥、大佛寺大桥流量增长较快（见表6.1）。目前，高家花园大桥高峰小时流量已处于饱和状态，全日交通量已大于10万pcu。真武山隧道全日交通量增长趋势不明显，全日交通量趋于稳定。

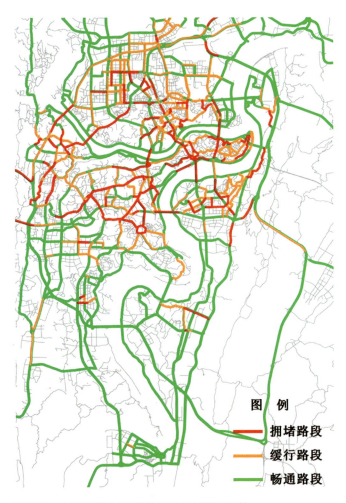

图 例

━━ 拥堵路段

━━ 缓行路段

━━ 畅通路段

图6.1　内环及以内快速路高峰小时拥堵现状

表 6.1　关键断面全日交通量

单位：万 pcu

关键断面	2015 年	2014 年	2013 年
真武山隧道	8.70	9.01	9.10
小泉（及吉庆）隧道	7.01	6.05	5.45
大佛寺大桥	8.79	7.90	7.50
高家花园大桥	15.53	14.80	13.10
马桑溪大桥	8.26	7.30	7.20

①穿山隧道。真武山隧道全天拥堵或缓行时间为 2~5 h，高峰时段偶发拥堵。

2015 年，真武山隧道全日流量 8.70 万 pcu，高峰小时流量 5 868 pcu/h；受慈母山隧道、南山隧道建成后的分流影响，全日流量基本稳定，高峰小时流量同比下降 10%；早晚高峰潮汐交通流特征明显（见表 6.2），早高峰以出城方向为主，晚高峰以进城方向为主。

表 6.2　真武山隧道早晚高峰分方向流量

隧道名称	方向	早高峰（pcu/h）	早高峰不均衡系数	晚高峰（pcu/h）	晚高峰不均衡系数
真武山隧道	进城	2 985	0.51	3 435	0.63
	出城	2 883		2 035	

②跨江桥梁。高峰时段，高家花园大桥往江北方向拥堵时间分别延长至 6.5 h、4.5 h 和 2.5 h。高家花园大桥全天拥堵或缓行时间为 4~7 h，大佛寺大桥和马桑溪大桥运行拥堵，车流不稳定（见表 6.3）。

表 6.3　2015 年各大桥饱和度分析

大桥	车道数	高峰小时交通量（pcu/h）	饱和度
大佛寺大桥	6	7 808	0.96
高家花园大桥	6	10 787	1.33
马桑溪大桥	6	6 777	0.84

通过对重庆综合交通的分析，得出快速路拥挤的主要原因有以下 4 个方面：

a. 机动车拥有量不断增长；

b. 内外环间的交通需求大幅增加；

c. 立交数量不断增加，交织日益严重，车速不断下降；

d. 对外交通和跨组团出行两种交通功能重叠。

2）项目概况

内环高架方案全长 75.2 km（见图 6.2），其中高架段长 51.5 km，平面路基段长 12.8 km，穿山隧道及跨江桥梁段长 10.9 km。方案新增跨江桥梁 3 座，分别为大佛寺大桥复线桥、马桑溪大桥复线桥和高家花园高架复线桥；新增隧道 3 座，分别为石马河隧道、小泉（及吉庆）复线隧道和慈母山复线隧道；新增立交 12 座，分别为东环高架立交、人和高架立交、北环高架立交、红槽房高架立交、西环高架立交、华岩高架立交、华陶高架立交、南环高架立交、南泉高架立交、茶园高架立交、峡口高架立交和大佛寺东桥头高架立交；同时，设置 18 对上下匝道，实现高架层与内环地面层的转换。

图 6.2　内环高架系统

内环高架系统为小汽车专用快速路，双向六车道，设计速度为 100 km/h。内环高架系统标准断面桥梁结构为大悬臂独柱墩，原内环地面层为城市快速路。

在目前正在实施的"人和—凤中"六车道改十车道路段，利用中央分隔带作为高架下部结构空间，原地面层通过车道重新划分的方式保持车道数不变，形成高架 6 个车道＋地面 10 个车道，共形成 16 个车道（见图 6.3）；未拓宽沿中分带高架段，形成高架 6 个车道＋地面 6 个车道，共形成 12 个车道（见图 6.4）；未拓宽沿现有内环两侧高架（见图 6.5）或平面，布设双向六车道（见图 6.6），形成原内环 6 个车道＋新系统 6 个车道。

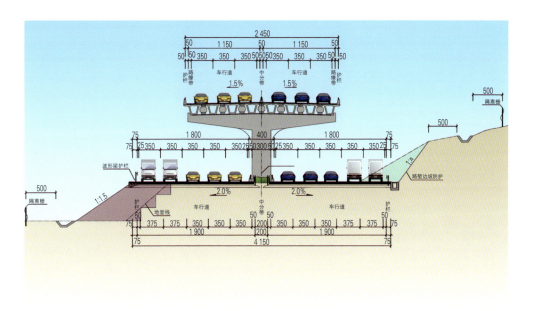

图 6.3　西北半环拓宽段"6+10"标准断面示意图（单位：cm）

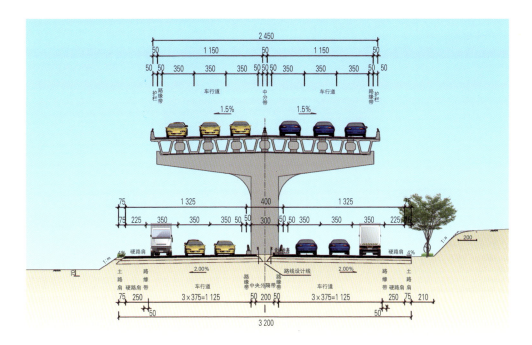

图 6.4　内环未拓宽段中间高架布设"6+6"标准断面示意图（单位：cm）

图 6.5　内环未拓宽段两侧高架布设"6+6"标准断面示意图（单位：cm）

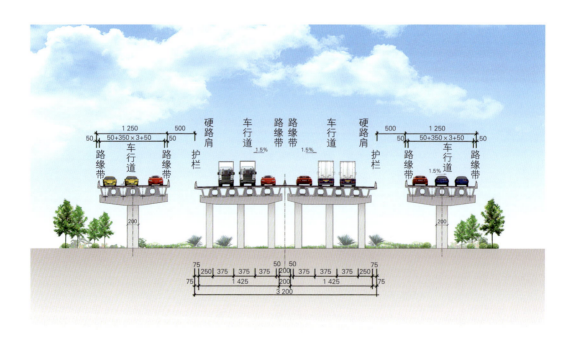

图 6.6　内环平面布设段"6+6"标准横断面示意图（单位：cm）

6.1.2　项目挑战

由于高架系统位于城市核心区，是城市建筑的一部分，直接面对城市生活群体，因此新建的高架桥应融入环境，与周边环境协调统一。而现状交通流量大，特别是高峰时期拥堵严重，使高架系统的建设面临着以下诸多挑战：

①上下层快速路总体设计的要求高。
②上下层快速路衔接及对内、对外交通转换的要求高。
③对周边建筑环境及城市风貌的要求高。
④对快速路网交通运行安全的要求高。
⑤现有内环运行对项目实施的要求高。
⑥跨江大桥桥梁结构的景观性要求高。

6.1.3　方案总体构思

1）模式选择

通过对国内外城市快速路建设和改善模式的分析发现，目前城市快速路的建设模式主要有平面复合式、高架（地下）模式、独立模式 3 种模式，其主要优缺点见表 6.4。

表 6.4　快速路改建模式对比表

快速路模式	平面复合模式	高架（地下）模式	独立模式
快速交通与服务交通的关系	两种功能未剥离，相互间有干扰，难以实现快速功能	两种功能均能较好发挥	只能实现快速交通功能，没有服务功能
路网影响	对两侧路网分割较大，路网连通性差	两侧路网连通性好	对两侧路网分割较大，路网连通性差
占地与投资	占地较宽，投资相对较小	占地较少，投资较高	占地较小，投资相对较小
案例	北京的三环、四环等	上海的"申"字形高架、成都二环、广州内环	重庆的内环、机场路
优缺点分析	不能形成新的快速路系统，通道能力有所提升，但效率得不到保障	能形成新的快速路系统，效率和能力可以兼顾，但造价相对较高	内环以内地区为已建成区域，地面新增快速通道系统非常困难
结论	适当采用	推荐	不推荐

为了适应城市未来的交通需求，同时兼顾保障服务交通和快速过境交通两个方面，需要对内环快速路进行适当改造，以形成一个相对独立、高效的快速系统。该快速路系统可与对外射线快速路衔接，形成快速进出城的新通道。然而，目前内环沿线区域已为城市建成区（见图6.7），采用独立式（平面新增）快速路，要在地面新增规划建设一条独立的快速路，其代价较高，几乎不可能。因此，内环快速路网改善应尽可能采用高架（地下）模式。该模式能形成独立的快速路系统，实现对外交通组织功能与服务交通功能重叠的有效分离。

2）内环高架方案走向的确定

本次交通改善方案的系统总构思为基本沿原内环增加新的高架通道，同时遵循以下设计原则：

①主要利用中分带高架，减少对两侧现有居民生活及环境的影响。

②内环高架与对外射线高速高架方案采用高架接高架的方式衔接。高架方案直接跨越内环现有立交，主要通过路段规划上下匝道与原内环线衔接。

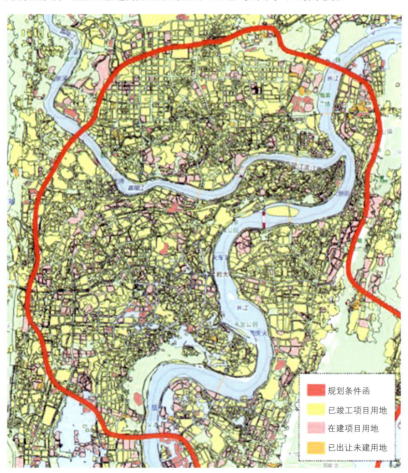

图6.7 主城区建设现状

③高架方案的实施应尽量减少对现有内环交通运行的影响，同时尽量减少拆迁，降低工程费用。

内环高架方案线路走向（见图 6.8）与现有内环基本重合，考虑到南山段地质条件复杂、建构筑物较多，为降低工程造价和实施难度，同时更好地带动茶园地区发展，加强与未来铁路东站的交通联系，高架方案从黄桷湾立交至茶园立交段改走南山以东，沿快速路六纵线走廊布设，经峡江路路口，新增慈母山复线隧道跨过黄桷湾立交后沿内环中间高架。方案新增跨江桥梁 3 座，分别为大佛寺大桥复线桥、马桑溪大桥复线桥和高家花园高架复线桥；新增隧道 3 座，分别为石马河隧道、小泉（及吉庆）复线隧道和慈母山复线隧道。

图 6.8　内环快速路高架方案走向示意图

123

3）内环高架系统衔接模式的确定

内环高架系统主要与射线高速公路、快速路衔接，其衔接模式主要有以下两种：

（1）立交衔接

高架系统以立交形式与射线高速公路、快速路衔接（见图6.9），并严格控制立交间距。全线共设12座立交，以便实现内环高架与射线高速公路的高效转换，便于过境交通的快速通行，达到快进快出的目的。

（2）进出高架上下匝道衔接

内环快速路主要串联了观音桥、人和、沙坪坝、大渡口、李家沱、南坪、茶园、界石等组团。内环高架设置18对上下匝道（见图6.10），实现高架层与内环地面层的转换，便于主城核心区与内环高架的交通转换。上下匝道的设置使射线高速的进城车辆必须先进入内环高架，通过上下匝道进入现状内环系统，再通过现状内环上的立交进入主城核心区，这样就可以有效避免射线高速的车辆对主城核心区造成直接冲击，达到慢进快出的目的。同时，上下匝道还起到联系各组团之间出行的作用。

图6.9 内环高架方案与射线高速、快速衔接节点示意图

图 6.10　匝道布设示意图

图 6.11　高架系统主线布设图

6.1.4　创新设计及设计特点

1）总体

（1）高架系统主线布设

内环高架方案设计车速为 100 km/h，双向六车道（小汽车专用），线路全长 75.2 km，其中高架段长 51.5 km，平面段长 12.8 km，穿山隧道及跨江桥梁段长 10.9 km（见图 6.11）。

①高架段主线布设。内环高架系统中高架的主线布设采用两种方式，分别为中间高架与两侧高架的形式。

为了避免高架对沿线两侧房屋建筑的影响，尽量减少拆迁，内环高架多采用中间高架的形式，如江北石马河立交至巴南太阳岗立交段、鹿角立交至南岸茶园立交段和黄桷湾立交至东环立交段采用中间高架。江北石马河立交至巴南太阳岗立交段部分区间华岩立交—华陶立交段高架布设如图 6.12 所示。

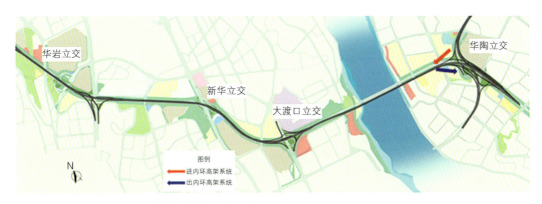

图 6.12　华岩立交至华陶立交段高架方案示意图

125

内环高架系统中部分段落由于隧道设置原因采用两侧高架，即东环立交至北环立交段和巴南太阳岗立交至南环立交段采用两侧高架。

东环立交—北环立交段主要采用两侧高架形式（见图6.13）。其中，五童立交至东环立交段为中间高架，东环立交至人和立交段利用机场路与内环快速路的分隔带布设高架桥墩，人和立交至星光立交段为中间高架，后逐渐过渡为在内环两侧高架，跨过北环立交后，内环高架系统以隧道形式分布在现状内环两侧。该段沿线共规划3座高架转高架立交和2对进出高架匝道。

②平面段主线布设。内环高架方案中，南环立交至南泉立交段由于两侧地块开发强度较小，采用平面布设与用地无矛盾，为节约工程投资，在现状内环两侧新增内环高架系统（见图6.14）。

③穿山隧道主线布设。内环高架系统涉及3组隧道，分别为石马河隧道、吉庆（小泉）隧道和慈母山隧道。

在现状慈母山隧道北侧新增复线隧道，由于在慈母山1#和2#隧道间需跨越纳西沟立交，慈母山复线隧道整体比现状隧道高约10 m。复线隧道采用双向六车道形式，整体长约4.6 km。出隧道后，内环高架系统直接跨越黄桷湾立交（见图6.15）。

图6.13　东环立交—北环立交段方案示意图

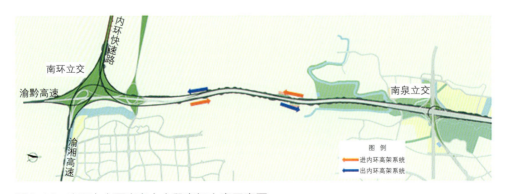

图6.14　南环立交至南泉立交段高架方案示意图

图 6.15　慈母山复线隧道示意图

④跨江桥梁主线布设。本项目包含的跨江桥梁有大佛寺长江大桥、马桑溪长江大桥和高家花园大桥。

现状内环高速大佛寺长江大桥为主跨 450 m 斜拉桥，本次新建高架系统跨江桥以复线桥的形式从老桥下游过江，与现状大桥保持统一的桥型和高程。

马桑溪大桥上游新增高架复线桥，采用同层设计，新建复线桥梁桥轴线考虑贴近原桥布置，这样能将桥梁建设对通航、泄洪的影响降至最低，同时尽可能减少对大桥两侧用地的影响。由于轨道 12 号线线路与内环高架方案线路相结合，因此，采用公轨共建的方式跨越长江。

高家花园大桥处已有高家花园大桥、高家花园复线桥和轨道高家花园大桥，如再增设桥位，则 400 m 范围内布设有 4 座桥，景观效果差。因此，在高家花园大桥和高家花园复线桥上设置内环高架复线桥，形成双层桥。

（2）节点衔接模式

节点是高架系统的重要组成部分，包括立交节点、匝道与主线节点、高架与地面节点 3 种。节点实际上是高架系统中各向车流的交会区，是关键部位和敏感区，是内环高架系统中至关重要的一部分。本项目经过多方面的综合论证，并结合现状条件，确定以枢纽立交和上下匝道的衔接方式实现内环高架系统与射线高速公路、快速路的顺畅衔接。

①立交衔接。高架系统以立交形式与射线高速公路、快速路衔接，全线共设 12 座立交。

以东环立交（见图 6.16）为例：东环立交处内环高架系统与机场路高架系统、渝宜高速高架系统共同构建起高架转高架立交，该立交实现了内环高架系统与机场路高架系统、渝宜高速高架系统的直行方向；内环高架系统（至南岸段）右转渝宜高速高架系统、渝宜高速高架系统右转机场路高架系统和左转内环高架系统（至南岸段）由原内环地面系统解决，共有 6 个定向匝道。

②上下匝道衔接。内环快速路主要串联了观音桥、人和、沙坪坝、大渡口、李家沱、南坪、茶园、界石等组团，为保障各组团间的交通转换，内环快速路高架系统的进出高架匝道主要采用以下两种方式。

模式一：立交前设置进出高架匝道，使交通流先到达原内环道路，后利用原内环立交进行交通转换（见图 6.17）。北环立交至武江西路段内环高架系统经过北环立交后，内环高架系统采用隧道形式在原内环两侧布局，在武江西路北侧出洞，隧道段规划 1 对进出内环高架系统的匝道（见图 6.18）。

图 6.16　东环高架立交方案示意图

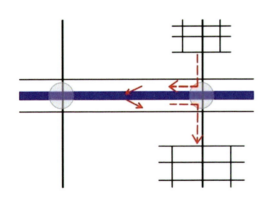

图 6.17　模式一　　　　　　　　　图 6.18　进出匝道方案示意图

模式二：高架直接利用匝道与周边路网衔接，实现不同组团间的交通转换（见图 6.19）。

以鹿角立交为例：现状鹿角立交为蝶形立交，结合现状立交规划进出内环高架系统匝道直接与周边路网衔接（见图 6.20）。高架进出匝道与鹿角立交现状匝道衔接，车辆可利用现状立交匝道进入周边路网。

总之，节点是高架系统中重要的组成部分，适宜的节点衔接能够大幅度降低道路阻塞的发生率。为保障高架车流的畅通，在实际运行中，建议对匝道实施信号控制管理（见图 6.21）。在高架层车流量较大、交通拥堵时，可运用信号灯控制匝道车流，限制车辆进入高架系统，保障高架层车流能够快速、高效运行。

（3）平面布设段出入口设置

平面布设路段进出口采用右出右进的出入方式，对主线行车影响较小（见图 6.22）。

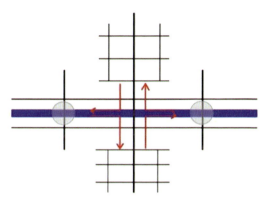

图 6.19　模式二

图 6.20　鹿角立交进出匝道示意图

图 6.21　内环高架进出高架匝道信号灯管理示意图

图 6.22　平面布设段出入口

2）桥梁工程

（1）标准段高架桥

①结构形式。对现浇箱梁、空心板梁、T型梁、节段预制拼装箱梁、混凝土小箱梁和钢梁进行综合比选。混凝土小箱梁造价较低，制作、运输、安装都便利，景观性满足要求，在30 m跨左右用在标准段较为合适；在跨度大于30 m的地段采用钢箱梁，其结构轻盈，跨度较大，景观性较好；节段预制拼装箱梁在分幅布置段和内环较宽段部分可以部分采用；而桥墩采用钢混组合墩，具有施工速度快、交通影响小的特点。

②快速的施工方式。将原有道路两侧紧急停车带改成标准车行道，设置基础施工围挡结构，施工期间保证双向六车道通行。同时，为了加快施工速度，桥墩采用钢混凝土结合墩，即在钢结构内直接浇筑素混凝土，减少安装模板和钢筋制作的现场作业量；盖梁采用钢盖梁，在工厂制作、运输至现场后，利用夜间内环路上交通量较小的时间段（夜间23:00 — 凌晨6:00）吊装。吊装时临时占用一个车道，吊装完成后就恢复双向六车道通行。

主梁施工采用工厂化制作→存梁场→场内起吊→梁上运梁→架桥机安装→梁体就位的步骤，以减少梁体和安装对交通的影响。根据现场情况，存梁场采用两种布置方式：当内环路低于周边地块，且地块为空地，有较好的路网运输条件时，可采用在周边地块上设置存梁场（见图6.23）。当内环路与周边平齐且开阔，有局部改道条件时，可将存梁场设置在现状环路上，并将现状道路局部改道。

③桥梁景观及高度。为了增加城市绿化面积、降低噪声、提高行车视觉感官舒适性，在桥墩处的中分带设置绿化景观，种植绿色植物，并作适当搭配，以提升景观效果。高架桥的高度，既要受桥下净空的影响，也要考虑行车感受、城市景观、工程造价等综合因素。经对小箱梁方案和钢箱梁方案中不同桥梁高度作行车视角景观效果分析，桥梁高度在13～15 m时，景观效果好，对周边建筑群影响小，造价适中，宜采用。

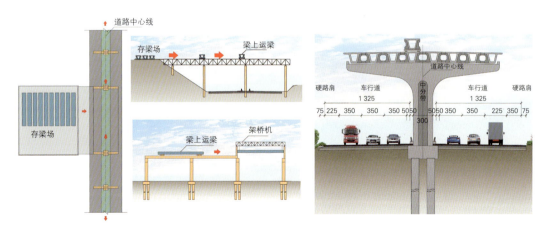

图6.23 主梁施工方案（单位：cm）

（2）节点桥

内环高架跨越既有内环的桥梁以及现状立交位置，部分区段受桥下布跨条件的限制，需采用40 m以上的大跨径桥梁才能通过（跨径大多在50～70 m）。考虑到施工对交通的影响，采用钢梁方案，如上跨星光大道位置，采用主跨55 m钢箱梁（见图6.24）。

（3）跨江桥梁

①内环高家花园嘉陵江大桥。

a.现状与控制条件。内环快速高家花园大桥跨越嘉陵江，现状主桥为140 m+240 m+140 m大跨连续刚构桥，三幅布置，下游侧为两幅老桥（见图6.25）。在内环拓宽改造时，在老桥上游新增一幅复线桥，形成三桥分幅布置的形式。拓宽桥与老桥梁体之间净距为5 m（见图6.26），老桥承台与拓宽桥承台之间距离小于5 m，老桥采用扩大基础，拓宽桥采用桩基础，现状桥梁承台顶面都位于最低通航水位（枯水位）以下。现状桥江北侧，道路两端为密集建筑群，在内环高家花园桥老桥下游约350 m处有轨道环线跨江桥。

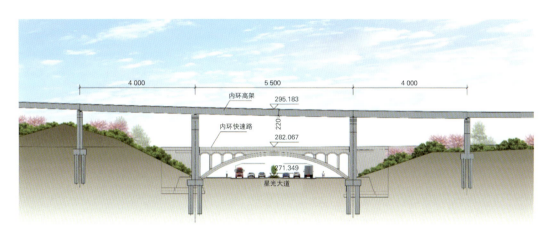

图6.24　上跨星光大道桥梁布置图（单位：cm）

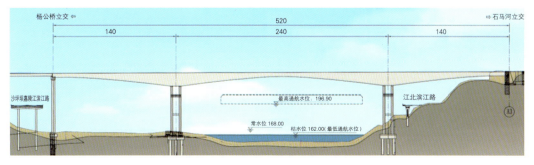

图6.25　高家花园老桥布置图（单位：m）

b.桥位与桥轴线。就桥梁景观而言，因为高架桥标高高于老桥，桥位如果在老桥下游，则景观效果较差；若四幅桥并排，则400 m范围内布设有5幅桥，加剧了景观劣化；且老桥上游侧已经新建拓宽改造复线桥，占据了桥位资源，也不宜作为高架桥桥位（见图6.27）。

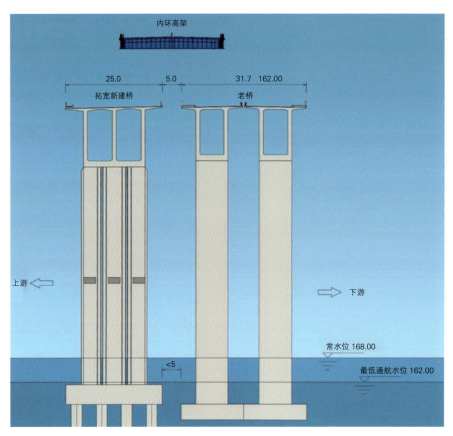

图 6.26 高家花园桥横断面关系图（单位：m）

图 6.27 轨道环线高家花园桥线路选择

　　内环高架跨江桥桥位选择在已拓宽桥与老桥之间的上方，利用中间 5 m 宽空隙设置引桥桥墩，桥轴线与 5 m 空隙的中线重合，外观上表现为双层桥形式，对景观有利，因此作为推荐桥轴线。

　　c. 方案选择。采用主跨 240 m 斜拉桥，桥塔与老桥桥墩对齐，对通航、行洪、景观有利。为了减少桥塔阻水面积，可将下段桥塔设置成双薄壁形式（见图 6.28 和图 6.29）。

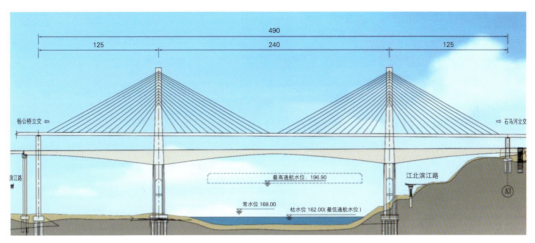

图 6.28　高家花园桥型布置图（单位：m）

图 6.29　高家花园桥型效果图

②内环马桑溪长江大桥。

a.概况。内环高架桥在原内环高速公路马桑溪长江大桥处跨越长江,重庆市主城区中远期轨道交通12号线也在此处跨越长江。

b.桥位。桥轴线位于内环快速路马桑溪大桥上游侧60 m处,与老桥的净距为22 m。轨道线路需两次下穿内环快速路,可采用暗挖或顶推施工方法,避免对内环高速交通产生影响。轨道线路路径均为绿化用地,用地限制条件小。桥位与内环高架方案过江通道相结合,可节约过江资源。

c.桥型方案。桥梁采用主跨360 m双层斜拉桥(见图6.30),新建桥与老桥孔跨对齐(见图6.30),利于通航、行洪和景观。复线桥主梁采用钢桁梁,水中运输、悬臂拼装,施工期间对既有交通基本无影响。

③内环大佛寺长江大桥。

现状内环快速大佛寺长江大桥为主跨450 m斜拉桥,本次新建高架系统跨江桥以复线桥的形式从老桥下游过江,充分利用桥位资源。桥两端无重要接线限制条件,利于建桥。新建桥与老桥桥跨布置一致,桥塔、桥墩对齐,利于通航、行洪和城市景观(见图6.31和图6.32)。

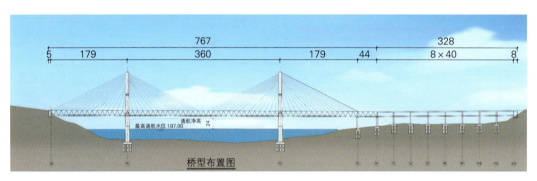

图6.30 内环马桑溪长江大桥桥型布置图(单位:m)

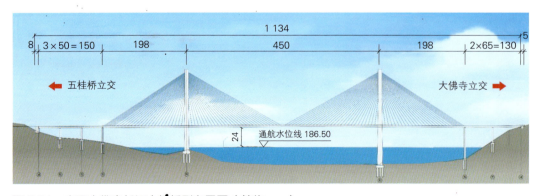

图6.31 内环大佛寺长江大桥桥型布置图(单位:m)

图 6.32　内环大佛寺长江大桥效果图

3）隧道工程

北环—石马河隧道因行车下道的需求，在里程 K13+400 区域，隧道设置分叉，在该区域再分出一个 2 车道的匝道连接既有内环。因此，在此处将不可避免地产生特大跨度断面，该断面开挖跨度达到了 26.5 m。

4）项目景观影响分析

通过从视野、视距、视角、尺度、高架路与城市空间尺度类型等方面综合分析，将内环高架系统景观影响分为三类（见图6.33）：

①中度影响段（杨公桥—新华立交段，12.5 km）占内环总长16.9%。

②影响较小段（盘龙—北环、南泉—鹿角段，16.6 km）占内环总长 22.4%。

③影响甚微段（剩余路段，

图 6.33　景观影响图

44.9 km）占内环总长 60.7%。

通过对城市整体景观格局的分析可知，内环高架方案对城市的山、水、城、绿化景观格局的主要轴线、视线廊道、大型地标的影响较小，而且可以通过各种具体技术手段进行景观优化提升。

内环由于其道路红线为 132 m 和 84 m，防护绿带距离足够，加上两侧没有人行道，因此其高架路区段对城市景观影响有限，仅有高家花园大桥—新华立交段约 13 km 为中度影响段，占内环总长 16.9%，在景观影响可控范围内。

5）交通噪声、大气环境和地表水环境影响分析

根据重庆市环境科学研究院的报告，分别从交通噪声影响评价、大气环境影响评价、地表水环境影响评价 3 个方面进行评估。

评估结果表明，内环高架方案实施后，与不实施高架相比，部分路段噪声有所增加，但增幅不大，部分路段噪声有所减少（见图 6.34）。

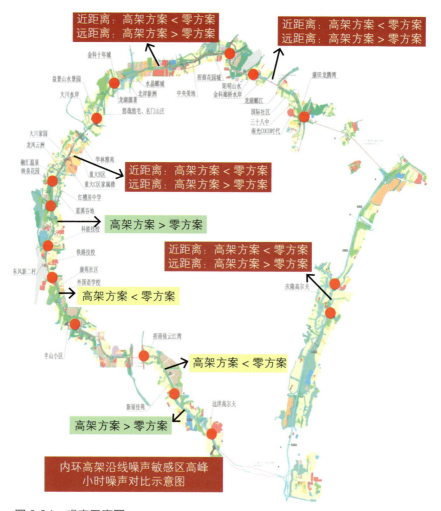

图 6.34　噪声示意图

　　高架方案下，二氧化氮的小时、日均影响浓度较不高架方案略小，满足评价标准要求，环境可以接受（见图 6.35）。

　　马桑溪复线桥和高家花园复线桥对饮用水源保护区内的水质和供水安全有一定影响，但可以通过调整取水点位置等方式解决（见图 6.36）。

　　6）绿色化建设理念及对策

　　内环高架项目的建设和运营要充分考虑公众环境，既要实现交通方便快捷，又要绿色低碳，提高公众空间的舒适性，并融入城市可持续发展之中。因此，项目建设要以绿色化建设理念为导向。

　　设计时，将内环高架尽量设置在现状道路中分带上，尽量拉开高架系统与周边建筑群的距离，减少噪声影响；在桥下桥墩所处中分带上做适当的绿化景观，既可以吸

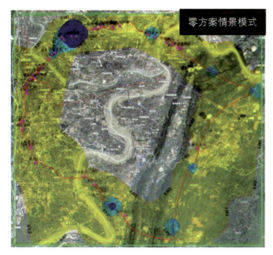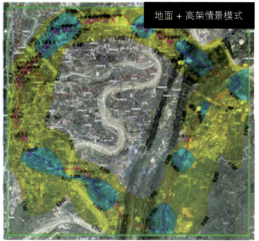

图 6.35　不同情景模式下的环境影响评价图

图 6.36　地表水环境图

收一定的碳排放，又能提高视觉感官舒适性；在距离既有建筑群较近且有条件的地方，可种植高大树木，对车行通道和建筑群进行适当隔离，以减少高架影响，提高城市绿化率。

在施工期间，尽量避免采用现场浇筑作业工艺，以降低粉尘等影响。倡导使用钢结构，不仅可使本项目场地环境尽量绿色、低碳，而且从宏观层面上也可消化过剩产能，提升社会综合价值。

7）工业化建设及对策

内环高架工程量大，具有批量化生产的先决条件。工业化、工厂化生产能够降低工程造价，实现低碳环保，因此本项目建设尽量采用工业化生产，做到工厂化集中生产，灵活运输，选择有条件的地方集中堆放，在已建桥上运梁，利用架桥机安装，实现制造、运输、架设的工业化。

在标准段梁型选择上，采用预制小箱梁、节段预制箱梁、钢箱梁；跨节点桥以及跨度较大的匝道桥，尽量采用钢梁，避免采用现浇工艺；在跨江桥上，尽量采用钢梁。

为了减少施工期的交通影响，实现快速施工，高架桥墩采用钢混凝土组合结构，盖梁采用钢盖梁，实现工业化生产，消化过剩产能。

总之，内环高架系统是重庆市对已建成快速内环系统的改造和提升，也是现阶段解决城市交通问题的重要且有效的手段，是一种新的机遇与挑战。高架系统的建设将在城市的交通发展中发挥重要的作用，促使重庆市的发展迈向新的台阶。

根据重庆市交通规划研究院模型，预测内环高架及十字通道项目实施后对交通的改善效果明显。内环高架增加 6 条车道后，通行能力为 0.78 万 pcu/h；内环高架系统共新增跨长江桥梁 4 座，可提升跨长江能力至 3.38 万 pcu/h，跨嘉陵江桥梁 2 座，提升跨嘉陵江能力至 1.56 万 pcu/h。

根据交通预测和交通模型分析，在主次路网不断完善、机动车发展不突破预期的情况下，2020 年内环地面层高峰小时平均车速可由 37 km/h 提升到 53 km/h，高架层车速可达到 75 km/h 左右（见图 6.37）。而内环高架建成后，将与主城区其他已纳入

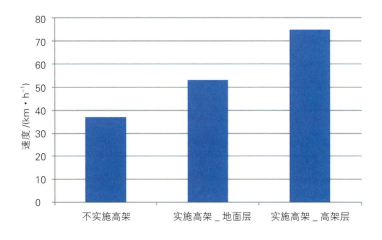

图 6.37 内环高架实施前后速度变化对比示意图

"十三五"建设计划的高快速路相互衔接，初步形成主城区骨干快速路网络结构。这将提升都市功能核心区、都市功能拓展区和城市发展新区之间的交通联系效率；提高核心区跨江、跨组团长距离交通出行效率以及内外交通转换效率，同时释放原内环交通压力，使其更好地服务城市内部交通转换；提升内环以内地区道路供给能力与效率，使都市功能核心区交通状况得到大幅改善。

6.2　西安市南二环—东二环整体改造

6.2.1　项目背景与概况

西安二环路始建于 20 世纪 90 年代，现位于城市中心地带，全长 34 km，宽 50 ~ 120 m。随着东南环沙坡立交的建成通车，标志着二环路主线实现了全立交化，形成了主线双向四至六车道加两侧辅道双向四车道的城市快速路系统。

由于二环建设时间较早，虽然已经全部实现了路口立交化，但是由于主线和辅路之间的出入口大多采用"X"形，且数量多、间距小，随着交通量增大，出现了较多交通问题，主线的服务水平难以保证，目前已是常态拥堵。根据快速路网构建计划，西安市核心区快速将形成"二环、八射"的格局，结合目前快速路的建设状态，考虑缓解交通拥堵、满足机动车出行需求、重点片区发展需要等因素，满足加快构建快速路系统的要求，提出对南二环、东二环进行整体改造（见图 6.38）。

图 6.38　西安近期快速路网骨架图

二环南段和东段，由昆明路立交至辛家庙立交，全长约18.3 km，沿线包含昆明路、太白路、太乙路、东南二环、咸宁路、东快速干道、东北二环及西影路—西延路8处立交节点改造（见图6.39）。

图6.39　西安南二环、东二环区位示意图

6.2.2　建设条件

1）道路红线及两侧土地利用

东二环红线宽为50～80 m，南二环红线宽为80～120 m，两侧已基本开发完成，主要为教育科研、居住、商业用地，东二环局部有物流仓储用地。

2）重要构筑物

道路沿线共有立交桥5座、高架桥10座，长度为7 km，除金光门桥分幅布置外，其余为整体式；另有下穿隧道1座，长320 m。

地下市政管线众多，主要分布在人行道下，其中南段原高压走廊现已下地敷设；另有宽度2.5～7 m、长8 km的地下排洪涵沿路中布置，自东向西接入昆明渠。

3）轨道交通、铁路

轨道交通共有6条线、13个车站与该项目发生关系。在建的3号线与二环东段共线叠合布置，长7.5 km，其余交叉6次，其中2次为运营线交叉。

二环东段金花隧道处穿越陇海铁路及养护场（见图 6.40），共计 30 股道，地面辅道与货场专线铁路平交 3 次。

4）文物

唐城墙遗址（见图 6.41）、丰庆公园（见图 6.42）分布位于西南角，红线与道路用地基本无冲突。

5）现状交通评价

二环路以小汽车和公交车为主，跨区交通和两侧服务交通并存，高峰时间流量达到 1.16 万辆，地面信号控制交叉口流量维持在 0.6～1.1 万辆水平。

通过构建三维仿真模型，分析二环路整体服务水平，可知路段交通基本饱和（见图 6.43），地面交叉口服务水平为 E 至 F 级。

现状二环路标准不统一，局部车道数不匹配，立交间距平均不足 1 km，主辅路多为"X"形出入口（见图 6.44），交织严重。路侧公交专用道不连续，立交段进出主线，并与进出匝道车辆冲突严重。交通标线、标志、标牌设置缺乏系统性，交通识别性差。

图 6.40　主线与铁路及养护场关系图

图 6.41　唐城墙遗址公园

图 6.42　丰庆公园

图 6.43 现状二环路晚高峰时段系统车速运行图（2016 年 5 月 9 日 18:30）

图 6.44 现状二环路出入口与主线车流交织

图 6.45 南二环红线及断面（单位：m）

沿线立体人行过街 20 处，地面过街 36 处，平均间距约 350 m，人行过街需求大。沿线公交停靠站 56 处，服务公交线路 84 条，公共交通出行需求大。

6）建设条件总体认识

既有的道路和交通结构，以及交通组织方式和公交承运模式，已无法满足快速路和快速公交的发展要求，交通供给与需求的矛盾日益突出。

南二环红线控制条件较宽，加之高压走廊下地后形成 25~54 m 的绿带，限制条件向好，有较好的条件增加车道供给（见图 6.45）。

而东段红线控制条件不足，周边地块已基本开发完成（见图 6.46）。同时，受制于陇海铁路断面和既有桥隧（见图 6.47），加之轨道 3 号线的建设导致地下多种结构交错布置，令限制条件进一步增多，若进行大规模改造，将面临代价巨大、交通瘫痪、环境影响严重等一系列问题。

图 6.46　东二环沿线建筑

图 6.47　东二环金花隧道

6.2.3 项目挑战

结合对地形、管线、地铁、红线等资料的分析与深入研究，本项目设计主要面临以下挑战：

①通过对现状区域交通状况的调研，发现现状交通亟待解决的问题多且复杂。如何梳理与打造层级分明、优质高效的交通体系，是本次设计的难点。

②南二环现状存在沿路中布置的排洪涵，同时范围内现状立交、桥梁构筑物众多，主线及立交结构物的布设在空间上受限较大。

③东二环互助路桥以北红线宽度仅 50 m，加之沿线周边地块已基本开发完成，陇海铁路断面和既有桥隧的位置对空间的限制较大。同时，轨道 3 号线已基本建成，地下多种结构交错布置，限制条件多且复杂。

6.2.4 功能定位、建设标准和规模

1）对路网规划的认识

从西安市路网形态来看，核心区路网形成"中心棋盘、外围放射"的格局。快速路呈"两环八射"布置，二环路为最内侧的快速交通环线，是外围放射线的起点。二环路南段与东段共与 6 条射线快速路及 17 条主、次干道进行衔接。

2）交通量预测与分析

根据 2020 年交通需求预测数据，采用趋势外推法进行预测。到 2036 年，西二环交通量最大区段高峰小时的双向车流约 1.21 万辆，南二环为 1.61 万辆，东二环为 1.47 万辆，现状通道能力不足，难以适应交通发展的需求，需进行整体提升改造。

综合以上分析可知，二环路是主城区快速交通系统中重要的枢纽环线，也是城市干道系统的重要组成部分，承担着对内集散、向外疏解的功能。作为全市重要的机动交通走廊，其系统由两层体系组成：高架为城市快速路，采用双向六车道，设计车速为 80 km/h；地面为城市主干路，采用双向六车道，设计车速采用 60 km/h。

6.2.5 总体设计思路

结合本项目的建设目标和功能定位，设计遵循以下思路：

①重构与西安城市定位相匹配的城市快速交通体系，以支撑城市未来发展，保持城市竞争力。建立层级分明的交通体系，解决城市扩容后跨区域中、长距离的交通联系，减小交通环对城市空间的阻隔效应。

②交通组织遵循"快出慢进、多出少进"的原则，统筹布设立交及上下匝道。同步建立强有力的智能交通管控系统，保障快速路的服务水平，形成"上得来、跑得快、下得去"的交通格局。

③整合现有资源，重构地面交通系统，解决交通组织管理的困难，实现机非分离与人车分离，形成顺畅、有序的交通空间，整体提升道路的通行能力和服务水平。

④利用高架桥桥下空间资源，建立新型中运量快速公交走廊，与轨道交通共同构成更加完善的城市公交服务体系。

⑤妥善处理交通功能与城市环境的关系，尽量减小对环境的影响，寻求交通与环境的协调发展，实现可持续发展。

6.2.6　创新设计与技术特点

1）总体设计

（1）新通道、新二环体系的构建

通过对路网规划、交通量发展和区域交通组织的分析和理解，结合建设条件，提出了新二环快速路体系构建方案。

原东二环为二级快速路，环线交通和南北向交通重叠，受制于建设条件，通行需求与车道供给存在较大缺口。新方案从区域交通组织及系统性解决交通问题的理念出发，在现有二环的基础上东拓1.8 km，将二级快速路建工路、幸福路北段纳入新的环线，提升其等级为一级快速路，剥离原二环路东段的环线交通功能，构建标准统一的新二环快速路系统，更好地实现了"二环八射"快速路网的规划意图（见图6.48）。

图 6.48　新二环示意图

新二环体系的重构使得环线、射线及纵、横线的交通功能更明确，且提高了交通转换效率，解决了东城区穿越陇海铁路的瓶颈问题。新通道结合城市绿廊兴建高标准、全高架的快速路，对比在原东二环就地大规模改造的方案，其工程代价小，建设难度小，用地矛盾小，对环境影响小，具有良好的经济、社会、环境效益。

（2）总体方案

总体设计分为两部分：一是对二环南段、建工路、幸福北路构成的新二环东南半环进行整体改造；二是对原东二环地面道路系统进行适度的扩能改造，并优化其交通组织。

新东南半环从昆明路开始，逆时针到辛家庙立交结束，全长约22 km。全线形成全高架快速路与地面主干路叠合的立体交通体系，形成"上六、下六"共12车道的规模（见图6.49）。设计车速方面：快速路采用80 km/h，主干路为60 km/h，公交、人行、非机动车布置在相对独立的交通空间。

①昆明路—桃园路段。起点处受红线的限制，利用现有双向四车道桥梁分幅的间隙，新建一座双向四车道高架桥，形成两层高架，共双向八车道规模。其中，新建高架承担通过性交通，下层桥梁承担转换交通和部分通过性交通（见图6.50）。两层双行系统在桃园路口上方合并为整体式双向六车道断面，与桃园桥相接。桃园桥由原四车道拼宽改造为六车道（见图6.51）。

图 6.49　总体设计范围及划分示意图

图 6.50 昆明路—唐延路段标准横断面图（单位：m）

图 6.51 唐延路—桃园南路段标准横断面图（单位：m）

②桃园路—长安路段。继续向东利用高压绿地路中新建六车道高架，上跨太白立交后，左幅利用现状朱雀桥，在南侧新建单向四车道高架，形成八车道规模，其中内侧两车道为高架 BRT 专用车道（见图 6.52）。

③长安路—沙坡立交段。长安路至沙坡立交段采用路中新建六车道高架，整体跨越长安、雁塔、太乙立交和丰庆桥（见图 6.53 和图 6.54）。

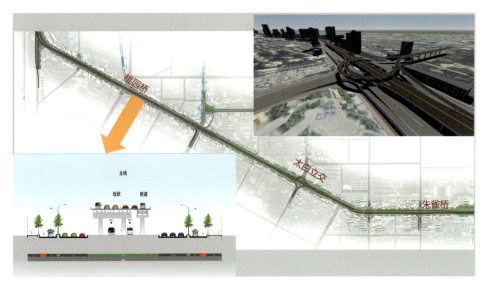

图 6.52　桃园路—长安路段平面及断面效果图

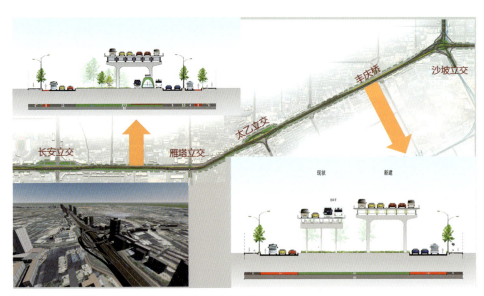

图 6.53　长安路—沙坡立交段平面及断面效果图

④沙坡立交—建工路—幸福南路—广安路—辛家庙立交段。新二环主线结合沙坡立交改造继续向东，与建工路、幸福路段全线形成双向六车道高架，终点与辛家庙立交相接。

（3）立交

二环快速路与 6 条射线及 3 条纵、横线快速路形成 9 座快转快的枢纽式互通立交。昆明路节点采用高架 "T" 形结合，连接唐延路南北向匝道形成组合式立交。太白和太乙节点新增高架"T"形立交（见图 6.55 和图 6.56），形成快转快的高架立交，并与既有地面立交整合成为快速路与主干路共享的综合立交体系。

　　根据新二环走向，沙坡立交东西向和南北向强化为主要交通流，结合既有匝道桥和地铁车站，形成高架三层的枢纽立交，地面主干路系统采用环形交叉（见图 6.57）。

图 6.54　雁塔路—长安立交段透视效果图

图 6.55　太白立交透视效果图

图 6.56　太乙立交透视效果图

图 6.57　沙坡立交透视效果图

　　咸宁路、新东二环快速路节点为新二环通道与东部射线形成的快转快立交，分别采用"蝶"形（见图 6.58）和变异"涡轮"形立交。辛家庙立交续建由北向东的左转匝道，形成"涡轮"形枢纽全互通立交（见图 6.59）。

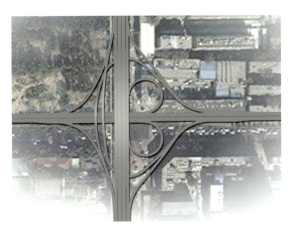

图 6.58　咸宁路—东二环立交效果图

图 6.59　辛家庙立交平面渲染图

高架快速路全线共设置 8 对坡道式平行匝道进出口与地面主干路系统联系，出入口最小间距为 1.2 km。匝道为双车道，口部采用单车道控制出入，以保障主线交通。

（4）下层交通优化

地面主干路系统全线形成双向六车道标准，两侧设公交优先道和慢行系统；改造太白、长安路、太乙立交，解决现状地面交通不连续的问题；增加含光路与朱雀大街南北向直行下穿分离穿越交通，整体提升了地面主干路的通行能力。

通过对客运交通走廊和轨道交通线网、中运量公交网络规划的分析，利用桥下空间资源，构建城市东西向快速公交走廊，设置两条路中式 BRT 专用道，采用重要路口分离、其余路口信号优先的方式通过，保障了运行效率和服务品质。BRT 线路西起城西客运站，沿南二环，东至陕交运万寿路汽车站，长 20 km，共设车站 24 座，站距700 ~ 1 000 m，其中与轨道换乘站 10 座，长途车换乘站 2 座。进出站采用斑马线与天桥、地道相结合的方式。

原东二环维持主线局部高架双向四车道规模不变，仅对地面系统进行适度扩能改造。通过对桥下路口的渠化拓宽，增加进口段车道数；优化主线出入口的出入方式，减少对主线直行交通的干扰；对互助路桥下错位交叉口进行改造，增加东西向直行下穿道；改造金花隧道两端接线，改善辅道净高，立交转向交通统一调整为通过辅道进出，使车道更加匹配，改善了其服务水平。

2）桥梁工程

桥址区位于都市核心区，设计遵循安全、适用、美观、经济的原则，考虑二环路在路网交通中的作用和城市风貌的特征，该高架桥定位为以交通功能为主的城市桥梁，桥梁景观应与周边环境相协调（见图 6.60 至图 6.62）。现状二环路交通繁忙，桥梁施工期间对交通的影响是本项目成败的关键。

图 6.60　高架立面布置图一（整幅新建、门墩）

图 6.61　高架立面布置图二（半幅新建、单墩）

图 6.62　高架立面布置图三（半幅新建、单墩、BRT）

现状桥梁主要为装配式小箱梁（见图 6.63），跨径为 20～25 m，曲线及跨越路口段采用现浇混凝土连续梁桥。考虑新建桥与现状桥梁的相互协调性，上部结构拟订了小箱梁、钢箱梁和钢混叠合梁 3 个方案。

小箱梁工艺简单，采用预制吊装施工，工期短，造价经济，桥下交通影响小（见图 6.64）。

钢箱梁跨越能力大，施工采用预制拼装方案，安装工期短，桥下交通影响小，但造价较高（见图 6.65）。

图 6.63　现状小箱梁桥图

图 6.64　高架桥小箱梁标准断面图

图 6.65　高架桥钢箱梁标准断面图

　　钢混叠合梁结合了钢梁和混凝土梁的优点，钢梁承受拉力，混凝土桥面板承受压力，充分利用了钢材和混凝土的材料性能，材料省；钢梁和桥面板均采用预制拼装施工，安装工期短，对桥下交通影响小，造价相对经济（见图 6.66）。

　　经综合比选，推荐采用钢混叠合梁（见图 6.67），桥梁标准段跨径采用 30 m，与

图 6.66　叠合梁高架桥布置图

图 6.67　钢混叠合梁高架桥标准断面图（单位：cm）

老桥跨径相适应，钢梁采用工字型，仅在曲线桥梁及变宽段采用钢箱型。钢梁工厂加工、现场拼装，并与预制混凝土桥面板连接，形成整体受力体系，且白天施工时能保证地面道路通行，仅夜间吊装时需临时占道，交通影响小。

本次桥梁考虑利用现状桃园桥、朱雀桥长 2.2 km 的路段高架桥，仅对桥头坡道进行拆除重建，与新建桥梁形成连续高架。拆除重建部分采用小箱梁与现状结构统一。

受轨道保护和路口通行条件的限制要求，采用大跨钢箱梁一跨跨越，保证了轨道结构和桥下行车的安全。

下部结构根据高架桥宽度，充分考虑桥下地面车行系统的通行要求及地下排洪箱涵等条件，灵活采用单墩、单墩大悬臂、门型墩，尽量实现桥下空间的简洁、通透。

考虑排洪涵洞的限制，桥梁尽量绕避布设，局部条件受限处采用桩基托梁的方式，解决桩基与箱涵的矛盾。施工时先埋设钢护筒，再进行桩基开挖，保证了排洪涵的安全。

高架桥桥面铺装采用降噪型橡胶沥青面层，同时在部分路段设置声屏障，起到隔音降噪的作用，减小对周边的环境影响（见图 6.68）。

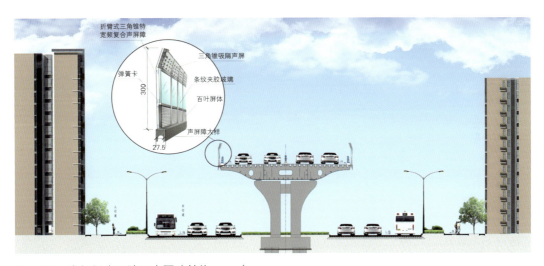

图 6.68　高架桥声屏障示意图（单位：cm）

3）综合管廊

项目区现状管网已形成，南二环采用路中高架方式，东二环保持既有桥梁不变，仅对地面系统作交叉口渠化改造的方案，对现状管网影响小，有效避免了大规模管线迁改。结合现状管网的资料和管线规划，管线设计主要考虑道路拓宽对管线的保护。迁改管线仍采用现有管线系统，尽量减少路面开挖。

根据中心城区"一环六射线"的综合管廊规划，幸福路为骨架线路（见图 6.69），建工路为连接通道。该段采用全线高架的方式，为综合管廊的建设创造了有利条件。综合管廊断面采用双舱（见图 6.70），除排水和燃气管线外其他管线全部入廊，节点采用立体交叉方式，系统内部包括投料口、通风口、出入口等配套设施和消防、通风、

图 6.69 幸福路综合管网标准横断面布置图（单位：cm）

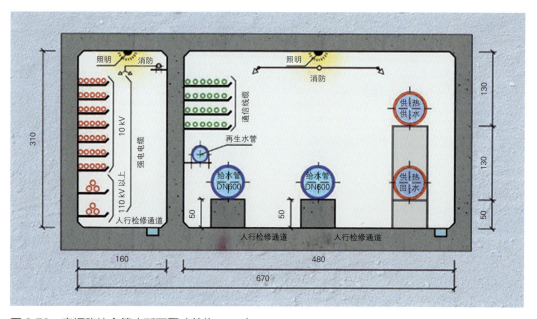

图 6.70 幸福路综合管廊断面图（单位：cm）

供电、照明等附属设施，使大多数地下综合管线处于安全、可控的环境，减少了道路的重复开挖，并降低了管线事故发生率。

4）景观工程

景观设计坚持总规中"三环八带十廊道"的绿化思路，正视交通发展与城市绿化之间的冲突；以"人性化"和"低冲击开发"作为设计准则，充分利用现有条件。通过对城市绿化空间的研究，我们提出高架桥工程应采用适宜的尺度，常规段净高不低于 12 m，为行人、植物留下适宜的空间。这样做不但令人感觉更开敞、通透，也保证桥下的花草、树木能获得充分的光照、雨露，可以茁壮生长。这样的设计让绿色呈多面、立体延伸的状态，使人行、车行以及桥下的 BRT 车站和车道无不包裹在绿色植物的装点之中，营造了"步步有林荫，处处闻花香"的宜人场景，提升了交通出行品质。

5）施工期间交通组织

施工期间的交通组织是项目成败的关键。基于对西安市交通状况的科学认识和总体方案在区域交通转换通道上的考虑，以及桥梁结构和施工工艺，施工期间的交通组织筹划分为 3 个阶段。

第一阶段，整体兴建建设条件好的新二环东段通道，解决东城区南北跨区交通的瓶颈，通过沙坡立交、新安路向南三环分流。

第二阶段，整体改造南二环，桃园桥、朱雀桥坡道改桥段采用地面形式，占用部分人行道，增加双向四车道，维持现状车道数规模，进行交通转换施工。其余路中高架段，结合墩台施工空间，临时占用部分绿地，维持既有跨线桥和地面车道数不变。全线上部结构采用夜间吊装架设，施工期间对交通的影响相对较小，有效避免了大范围拥堵。

第三阶段，对原东二环进行地面系统的适度扩能改造，同步加快二环与三环之间射线快速路的建设，最终实现都市核心区快速路网体系的构建。

通过建立交通模型对总体方案进行整体的交通评估，发现通行能力在现状的基础上提升了 40% ~ 50%，能维持快速路三级服务水平。由此可见，运用区域交通组织与交通管控相结合、系统性解决城市交通问题的先进理念，结合 BIM 可视化技术，能够更好地实现本项目的建设目标。

参考文献

［1］查晓鸣，杨剑.中国近现代山地城市空间形态演进探析［J］.中国名城，2015（3）：64-68.

［2］邹德慈.城市规划导论［M］.北京：中国建筑工业出版社，2002.

［3］钱昱如，杨庆媛，郑财贵.山地城市空间形态演变研究——以重庆市主城区为例［J］.云南师范大学学报，2012（4）：54-59.

［4］朱军功，高志刚，王晶，等.浅析大城市快速路系统规划控制要求——以重庆市主城区为例［J］.交通与运输，2013（7）:19-22.